新訂版

潮風の一本道

うめさんの魚料理の城づくり九十年

三田村 博史

風媒社

▲前方中央の白い建物が相川うめさんの城・(は)食堂旅館南知多豊浜本店。右がうめ乃湯

◀96歳でますます元気な相川うめさん

左から渥美半島、伊良湖岬、中央・神島、右は志摩半島

豊浜港付近の浜に▶
干してある魚網

㋩本店の前の▶
磯(引き潮時)で
遊ぶ家族連れ

うめ乃湯から伊勢湾を眺望

↑(は)まるは食堂中部国際空港店

↖(は)エビフライ食堂
まるはラシック店
（名古屋市栄）

←(は)食堂旅館南知多
豊浜本店。写真一番奥の
建物がうめ乃湯

▲大阪のテレビ局のスタジオで京唄子さんと話す（昭和50年頃）

うめさんを慕って浜松の大凧合戦の「飛《ひ》河《か》羅《ら》寿《す》組」のメンバーが㋩を訪れ、海岸で3メートル角の2枚の大凧を威勢よく揚げた（平成5年6月）　▼▶

はじめに

「潮風の一本道——うめさんの魚料理の城づくり八十年」を書いてから、早いものでもうまる十三年がたちました。明治生まれのうめさんもまもなく満九十六歳を迎えます。

いつだったか、お元気かなと思って店をのぞきましたら、頭にネットをかぶっていました。今思うと、頭を打って手術したあとでした。だが、気丈なうめさんはその跡を見せまいと髪を覆っていたのでした。

この時だけでなく、その後もうめさんは何度か事故にあい、病魔におそわれました。だがそのたびに、驚異的な快復力で元気を取り戻してきました。

今回、このうめさんの半生記の新訂版が出るにあたって全面的に書きなおそうかとも思いました。だが十四年前の物覚えのよい、元気なうめさんの語り口はそのまま残した方がいいと思いなおし、一部を訂正し、以後の様子を少し書き加えるだけにとどめました。

中部国際空港（セントレア）には㊟が出店したとか、名古屋・栄のラシックにも店を出したということは知っていました。そしてそれがまたまたすごい人気で、空港店では名物のエビフライを食べようと六時間待ちだということもテレビのニュースで知りました。それはもう一種の社会現象だという人もいます。空港見物に行ったら㊟へ寄らなくちゃということでしょうか。もちろん、豊浜の店の周りはいつ行っても車が何台も停まっています。

そして㊟の人気はなにかなと考えますと、やっぱりうめさんの生き方、考え方に共感するものがあるからだろうと思っています。体を曲げて見せるパフォーマンスに喜ぶのも、今、失われている生きることへの必死さを学びたいという客の心理があるからだろうと思います。

最近のうめさんは朝五時、自分の掘りあてた温泉「うめ乃湯」につかってから一日を始めているようです。そして気が向くと「㊟食堂旅館南知多豊浜本店」のフロントの脇の椅子に腰かけて客を待っています。

何度か入退院を繰り返したうめさんはお年を召し、確かに耳も遠くはなってきています。だがどうやら若いころ、苦労をし、鍛えた体の方はまだまだ大丈夫なようです。

それにしても「空港店」オープン前の大見学会では、新しい店内を大声をあげて走りまわっていましたのに、以後のうめさんはなんだか元気がありません。

しかし耳のところに口をあててはっきり話しかけてあげると、よろこんで応対してくれるはずです。

㊩でうめさんを見かけたら、大声で話しかけてください。

そしてほぼ一世紀を生きてきた方に元気を与え、あなたもうめさんから元気をもらってください。

＊

この「潮風の一本道」は「―うめさんの魚料理の城づくり八十年」として一九九三年十二月に初版、二〇〇七年七月には「―うめさんの魚料理の城づくり九十年」として「新訂版」を出し、今回さらに再刊ということで最後のところに「追記」だけ加えました。

二〇二三年夏

著者

まるはグループ店舗案内

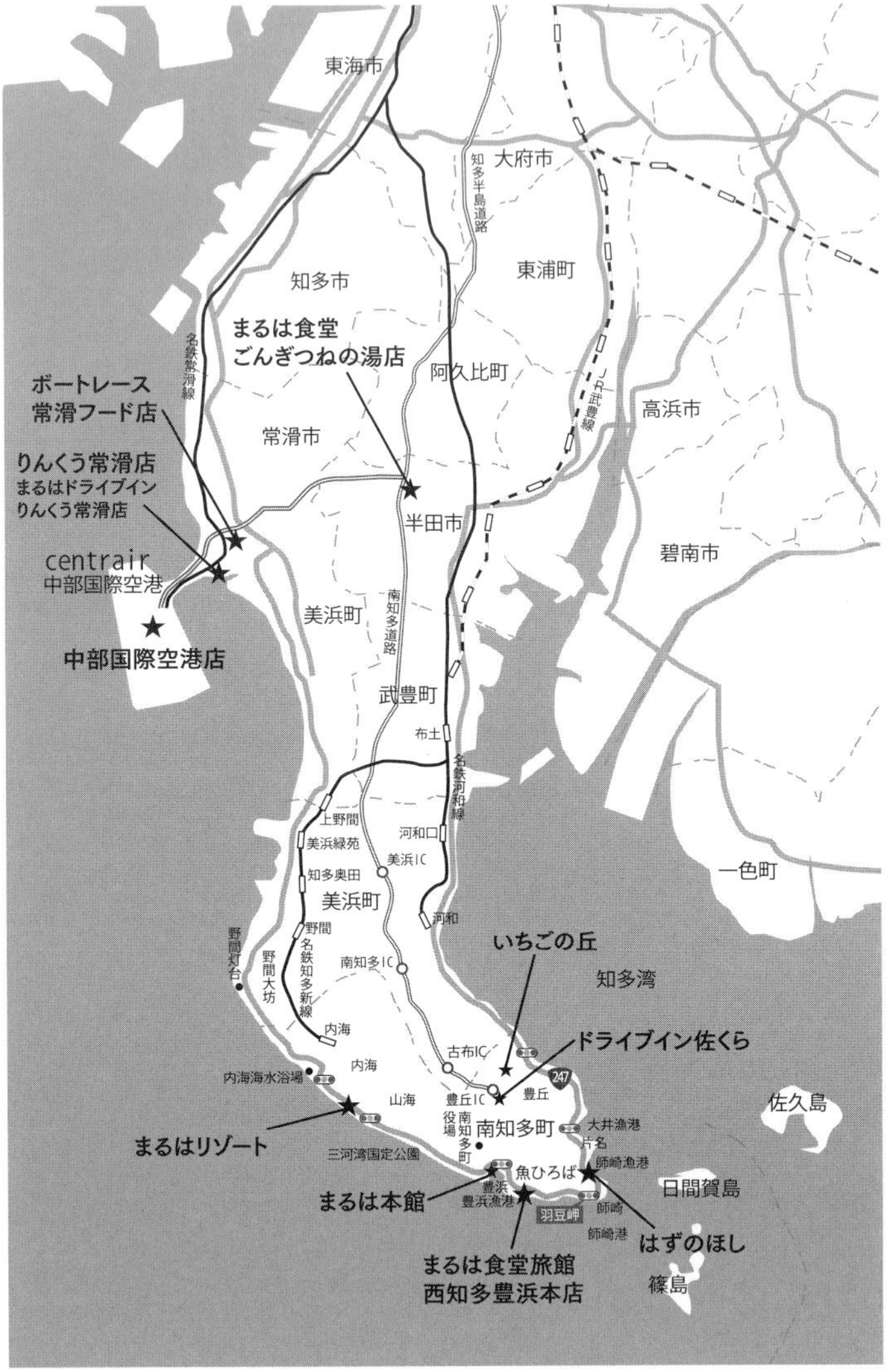

このほか、名古屋市内には、名古屋駅構内の「JR名古屋駅店」、クロスコートタワー内の「チカマチラウンジ店」、中区栄の「ラシック店」、緑区南大高駅前の「イオンモール大高店」があります。

［新訂版］　潮風の一本道——うめさんの魚料理の城づくり九十年　目次

4

結婚、そして夫の戦死　75

5

〝魚屋になりたい〟

1　知多半島の南端・豊浜

平安の昔からの漁港

愛知県・知多半島。

知多半島は渥美半島とともに三河湾を抱くようにして、蟹のはさみの形で伊勢湾にのびている。ここは古来から〈海の新幹線〉の寄港地であった。特に江戸時代は大坂と江戸を結ぶ中間に位置している関係から多くの千石船が寄港もし、活躍もした。

そう、知多半島は多くの千石船を産んでいる。豊浜からちょっと名古屋寄りの野間や内海にはたくさんの千石船の船主が住んでいた。豊浜、さらにはその南・師崎は尾張・徳川家の船奉行千賀氏の領地であった。

江戸時代には「壁と吉原すさでもつ」といわれた。

「すさ」とは豊浜の須佐と、壁土に混ぜてひび割れをふせぐための藁などを細かく切った補強材の「すさ」とをかけたのである。豊浜出身者に吉原遊郭で揚げ屋として成功した尾張屋清十郎（本姓は松本）はじめ俵屋四郎兵衛、泉屋権助など多かったからであった。これら元禄以後の豊浜からの進出者は資本的に吉原を支配した。

そして今、この知多半島のつけ根の名古屋港からは世界へ向けて多くの日本の製品が輸出されている。中でも自動車はアメリカとの貿易摩擦まで起こしたのは周知の事実である。行政区画でいえば、知多半島の南端の町となるこの愛知県知多郡南知多町は三河湾国定公園に指定されている。そしてその町の西北部に、伊勢湾に向かって大字・豊浜がある。

うめさんの住む豊浜は昭和三十六年（一九六一）六月、北隣の内海町、南の師崎町、そして三河湾に浮かぶ篠島、日間賀の二つの島である村と合併するまで独立した豊浜町であった。

今豊浜へ行くには名古屋から名古屋鉄道河和線の終点の河和まで特急で最速四十一分である。特急は座席もセパレートで気持ちがいい。河和からはバスでかれこれ二十分。

豊浜港

このコースは車輌がよくなったとかスピードアップしたということは幾分あっても、ほぼ終戦直後と変わりはない。もちろん戦後の混乱期、河和から直行の名古屋行きはない。神宮前で乗りかえて金山橋——今の金山でも乗りかえねばならなかった。

ところで、同じ名鉄でも昭和五十五年に開通した知多新線を使い終点の内海まで行き、名鉄バスという手段もある。だが時間的にはちょっと余分にかかる。ただしバスは潮風を受けて伊勢湾に面した南知多の海岸線を走るので景色はいい。

今回は自動車で豊浜まで行くことにする。

これだと名古屋の大高インターから知多半島道路へ入り、そのまま南知多道路へ乗り入れて四十分ほどである。併せて知多中央道などともいうこの道路は、最近の観光ブームで休日などはよく混んでいる。でも名古屋から三十分も走ると、こんなに緑が残っていたかと思わせる亜熱帯の林の向こうに伊勢の海が見えかくれする。

とにかく、豊丘インターで下りまっすぐ進むと途端に「ⓗ」の看板が目につく。右へ折れしばらく行くと、右手の小高いところに黒い建物の「ⓗ潮蔵」がある。

道はそのままくねくねと曲がって南知多町の役場前へ出る。その時スピードをゆるめて左手を見るとまた「ⓗ」の看板をかかげたマンションが目に入った。

「ⓗ」……どこかで見たマークだな。ああ、大洋漁業か、あの鯨のとか、横浜ベイスターズの前身だなと思う人は今話題の豊浜のⓗを知らない人ということになる。そう、相川うめさんも知らないということになる。

いやⓗはまずちょっとおいといて、もう少し豊浜の町を見てみよう。

漁業の町から観光の町へ

さきほども述べたが、豊浜は今は南知多町の大字のひとつで、人口はおよそ六千三百人である。南知多町全体では二万二千人弱。十年前に比べると、それぞれ二百人、四千人減っている。漁業、農業を生業とし、かつて愛知県有数の港町であった。そして今も漁獲高は県下第一位であり、立派に漁業の町である。

しかし最近の観光ブームは、この町をも単なる漁業の町だけにはしてはおかない。急速に観光化した。そしてその原動力になったのが、㋩なのだが……。

町役場から車で海岸へ向けて走ると、屋根にこの町に昔からつたわる鯛祭の鯛をかたどった赤い大鯛をのせた大型市場が目につく。

これは押し寄せる観光客向けに漁業協同組合が昭和六十一（一九八六）年につくった「魚ひろば」である。活きのよい魚やワカメ、のり、チリメンジャコ、大アサリ、干物、海老せんべいなどが評判をよび、始終人でごったがえしている。休みの日には観光バスとマイカーが駐車場からはみ出すほどである。

ちなみに豊浜鯛祭は毎年七月二十日前後の土曜日曜に行われる地元・津島神社、中洲神社の奇祭である。長さ十メートルから十八メートル、重さ一トンを超す布と竹で作った五匹の鯛みこしを若者たちがかついで町中や海中を練りまわる。

ところでやっぱり㋩にもどろう。

㊺発祥の地

「魚ひろば」のすぐ手前、名古屋方面から師崎へむかう道路際、ちょっとひっこんだところに黒塗りの二階建てがある。その前にも「㊺」のマークの小さな立看板がひっそりと立っている。ここが㊺発祥の地だ。

さらに顔をめぐらすと、「魚ひろば」のすぐ近くにオレンジ色の瓦屋根の大きな五階建てのビルが見える。この建物は上へいくにつれて小さく、なんだかお城の天守閣のように見える。屋上に「活魚㊺食堂本館旅館」の看板がかかっている。実は、ここも現在「㊍まる本」という別会社になっているが、この本の主人公・相川うめさんのお孫さんのひとり相川和雄さん経営の店だ。

万葉集にもうたわれる

今はその看板だけ見て国道二四七号線をもう少し南へ進もう。

道は曲がりくねっていて、うっかりすると踏みはずしそうだが注意して進む。そしてその急カーブのところで車をゆっくり停めると「万葉集遺跡」の立て札に気づく。

暇のある人は車を降りるとよい。だが一車線だから停めるにしても十分注意が必要だ。とにかく降りてガードレールを越えると小さな砂浜が残っている。残っているというよりも地価の高い豊浜でようやく確保したという感じで狭い土地がひろがっている。狭い土地がひろがっているというのはおかしいが、まあ、とにかく下車してその砂浜へ入ると「須佐の入り江」の碑がある。

そして向こうに青々とした水をたたえた港が見え、赤い小さな灯台が突堤の先に立っている。もちろんユリカモメとかウミネコといった海の風物にもことかかない。

空高くトビやサシバも飛ぶ。

だがここで特記しておかなくてはならないのは、群れをなして飛ぶ鵜の姿も見えることだ。北隣の美浜町・野間の山中に天然記念物に指定されている鵜の繁殖地〝鵜の山〟があるからだ。
豊浜は平安の昔から漁港であった。この豊浜の港は万葉集の昔、今から千二百年の昔から魚をとり、昆布を、ワカメを拾う人が住んでいた。

あぢの住む　渚佐の入江の　荒磯松　我を待つ児らは
　ただひとりのみ　（万葉集　巻十一―二七五一）
あぢの住む　渚佐の入江の　隠り沼の　あな息づかし
　見ず久にして　（万葉集　巻十四―三五四七）

今、豊浜湾とか須佐湾とか呼ばれるこの港は漁船が出入りしただけでなく、かつては航海の途中、舟人たちが立ち寄り殷賑をきわめたところである。「渚佐」は「須佐」である。万葉集では別々の巻におさめられているが、こうして並べて見ると土地の漁師と恋人の相聞歌にも思える。「港、港に女がいる」といわれるが、この「恋人」はどんな女であったのだろう。吉原の原点がこの歌にあると考えるのは考えすぎだろうか。

海側から見たⓗ食堂旅館南知多豊浜本店

それはともかく、ⓗである。万葉集の名もなき歌人を思いつつもう一度車に乗る。片側一車線、後ろからの車に気を遣いつつ走るとすぐ目の前にまたⓗの印が目につく。

ここが「ⓗ食堂旅館南知多豊浜本店」。「株式会社まるは」の本拠である。

バス停も万葉集にうたわれた「荒磯」の名がつけられている。その荒磯海岸と呼ばれる海辺に沿ってずっと大きな白い三、四階建ての建物が二棟つづいて延びている。車をおりて近寄ると、平成五（一九九三）年、うめさんが掘りあてたお湯である。南に天然温泉「うめ乃湯」の看板が立っている。

活魚料理用の巨大な水槽

この土地でⓗを知らない人はまずいない。そして相川うめさんを知らない人もいない。それくらいうめさんは地元の人に愛されている。なにしろ月に十回の余、各地で講演をし、テレビに引っぱり出されていた人気者でもある。

「まるは?」

「うん、魚がおいしいところだよ」そういう答えがかえってくるはずだ。

「ⓗ食堂旅館南知多豊浜本店」は活魚料理店とはいうものの、鉄筋コンクリート造りで大変に規模が大きい。

大きな水槽も目につく。活きのいい鯛が泳いでいる。伊勢海老が、アイナメが、この地方でガザミと呼ぶワタリ蟹が、シャコ、ハマチが蛸がいる。もちろんヒラメもブリも、そして大アサリ、普通のアサリ、小さい貝がいっぱいいる。実はこの建物の下にも大きな水槽がまだいくつかある。一階というか、地下というか、崖を利用して海にむかって開いた半地下にⓗの心臓部がある。目の前の海から海水を引きいれた水槽に伊勢湾でとれた魚介

本店半地下の水槽。こんな水槽がいくつもあり、この階全体が生け簀になっている

類が泳いでいる。

水槽の横で昔の芋洗い器みたいな、樽を横にしたようなアルミの缶がごろごろまわっていた。聞くと働いていた若い衆が「蛸を洗っている」と教えてくれた。蛸のぬめりを取っているのだった。

調理場では板前さんが上手にさばくのが見える。

あらためて正面入り口に戻ると、受付にいるのはうめさんの三男・正一《まさいち》さんの奥さんの勝子さんだ。愛想よくてきぱきと予約を受けている。予約を記すメモ帳は大型カレンダーを切って綴じ、裏を使っている。

食堂はコンクリートの上に椅子と机がな

らんでいるだけだったが、平成十四（二〇〇二）年全面改装した。調理場は「株式会社まるは」会長の正一さんが仕切っているはずだ。

二階には廊下をはさんで広い座敷が片側に八部屋ある。どの部屋でも家族づれが、恋人同士がテーブルを囲んでいる。茹であげたばかりの蟹の足をもぎ、刺し身に手をのばし舌つづみをうっている。さらに三階四階にも同じような座敷がある。

すばらしい眺望

伊勢湾に張り出しているような和室からの眺めもすばらしい。目の下は文字通り「荒磯」、岩礁地帯に波が寄せ、白く散る。

沖を漁船がエンジンの音も軽やかに滑っていく。そして名古屋港へ向かうのであろう大型のタンカーが、外国の貨物船がゆっくり進んでいる。

夕方はきらきら輝く海面にシルエットとなって渥美半島の先端が見え、三島由紀夫の小説「潮騒」の舞台となった神島が見える。

対岸の志摩半島もかすんで見える。

ここの魚がうまいのは定評がある。しこしことした舌ざわりは他の店の魚や冷凍品とは大違いだ。茹でた蟹の身はしっかりつまっている。蛸は目の前の日間賀島から運んでくる。蛸は日間賀の名物だ。海老のフライもころもと身が離れているなどということはない。ころもを持ちあげるほどに身が充満している。そして太い。直径三、四センチもある。客の一番人気はこの車海老のフライだという。

しっかり身のつまった
ジャンボエビフライ

＊

最近のグルメブームにのって豊浜をはじめ知多半島のあちこちに活魚料理を食べさせてくれる店が増えた。だが何といってもここ相川うめさんの㊊が一番だと評判だ。なにしろ知多半島の活魚料理を売り出した元祖は㊊なのだから。しかも㊊は豊浜漁港の魚市場から直接仕入れるのだから。そんな店はこのあたりでも少ない。

夢中になって口と手とを動かしていると、隣の五人ばかりの若い男のグループの声が聞こえてきた。

「この店、お酒の持ち込みもいいいんだってな」

一人がいうともう一人がうち消すようにいった。

「そんなことあるかよ。持ち込んだっていいけど、金取られるんだろ」

それが当然だと思って聞いていると、どうやら持ち込み料というのはこの㊡では本当に必要なかったらしい。それればかりではない。かつては燗もつけてくれた。ビール券でもお酒の券でも持ってくると黙ってそれで精算してくれたという。食べ物商売といえばビールやお酒で利益をあげるのが当然と思っていたが、どうやらここはちがった。

「忘年会の時、幹事が大喜びだってさ」

若い男がいう。それが本当なら喜ぶのが当たり前だ。今は客も多く多様で、一様にそんな対応も出来ないが、困った幹事は相談してみるといい。

「酔っぱらったら泊まればいいしな」

㊡は料理旅館でもあるから当然宿泊もできる。

酔っぱらって海に面した部屋で目をさましても、前の晩の食事代に、朝食代と宿泊代として五千五百円（消費税別）を加えるだけでいいというから何ともうれしい。

料理は一番高くても七千円。冬は一万円のふぐコースもある。うめさん自身が「七千円の料理なんてとても食べきれせん。もったいないに」と名古屋弁と海を隔てた三河弁とに似た豊浜言葉でいう。だから存分に食べて寝るだけだったらどうやら一万円そこそこでいいようだ。ただし評判を聞いて客が押し寄せているので、泊まるのには予約をしておいたほうがいい。その予約も半年も前からつまっていることが多いというから要注意だ。ただ年末年始も休みがないのがうれしい。

毎年ここでおいしい魚を食べて正月を迎える常連もいるらしい。

階段を駆け上がる

そんなサービスを考えだし、つづけているのが相川うめさんである。

平成十九（二〇〇七）年、八月には満九十六歳になる。小柄だが元気いっぱい、といいたいところだが、このところちょっと調子がよくないようだ。

とにかく手びろくいくつかの大きな店を女手ひとつ、一代で築いてきたのに何の気どったところもない。気さくな相川うめさんは、今もエプロンをかけて店に顔を出す時がある。ついこの間までは客にサービスし、広い店内を手を振りながら小走りに走りまわり階段をほとんど駆けあがっていた。

もちろんエレベーターはあるが、この建物が出来てから「乗ったのは三、四回だけだ」

といった。三階へでも四階へでも自分の足であがっていた。

「わしはよー、客が来てくれるのがうれしゅうてならん」

本当にうれしそうに、働くことがたのしそうな相川うめさんはちょっとあらっぽい口調で快活にしゃべっていた。

相川うめさんはここ、豊浜で生まれ、豊浜で育ってこの㊩を築いてきた。

「仕事がある、仕事をするってことはこれ以上の極楽はありゃせん」

本当にうれしそうだった。「忙しいことが第一だ」という。そういううめさんは今相当の資産家だが、それを戦後裸一貫から一代で築いてきた。女手ひとつ、六人の子供を育てながら㊩を創業し、㊩を今も支えている。

2　貧しい中での母の愛——子供時代

うめさん、生まれる

「わしの生まれたのは明治四十四年八月十七日だでよ」

店のロビーの椅子に腰をおろすとうめさんははっきりいった。最初にお話を聞いた八十二歳当時年齢などまったく感じさせなかった。話していると記憶がはっきりしていて、感心だなどといったらかえって失礼じゃないかと思えてきた。

うめさんのいう通り、うめさんは石黒安吉さんといいさんの間の五女として、当時の豊浜町新居《あらい》に生まれた。明治は翌四十五年の七月二十九日までだから、うめさんは明治の空気を一年足らず吸ったことになる。西暦では一九一一年、時は第二次桂内閣の末期、うめさんが生まれて二週間後には第二次西園寺公望内閣が成立している。

時代は大逆事件から日本による韓国併合とつづく暗い時代であった。

旧豊浜町はその七年前、明治三十八（一九〇五）年に中須、須佐、乙方、山田の四村が合併して出来ていた。当時の総戸数およそ千百、人口は六千人ほど、一戸あたりの人数は多いが人口は現在の豊浜地区と較べて大差はない。

大正の初め総戸数のうち六四・四％が農家、六一・六％が漁家であった。この数字から当時も半分以上が兼業ということがわかる。そして今も兼業の比率は高い。

そして新居集落は旧須佐村に属していた。

うめさんも半農半漁の家に生まれた。新居は豊浜漁港まで歩いて五分ほどの集落で家の密集した地域である。

今は路地の奥になっているが、生家は今は、国道になっている道路に近かった。その道はうめさんの小さい頃は馬車や大八車が通ると砂煙のあがる道だった。そしてそのすぐ外は海、松林が海岸線にそって、あの「荒磯」まで文字通り防風のための荒磯松の林となってつづいていた。

女ばかり四人生まれた後、三つ年上の長男の石松さんにつづいて、六人目の五女として生まれたうめさんは必ずしも歓迎されたわけではなかったかも知れない。そのあと、三つ下の妹が生まれる。全部で七人きょうだいである。

日本は日露戦争のあと三国干渉などで難しく苦しい時代を迎えていた。そしていつもは海の幸、山の幸にも恵まれる比較的豊かな豊浜もどうやら大変だったようだ。

うめさんの生まれる直前の六月十九日、時ならぬ台風がこの地方を襲っている。名古屋で瞬間最大風速三十二・九メートル。夜半から暴風雨が吹き荒れ、豊浜では八百戸が浸水・破損したと記録にある。千百戸そこそこのうちの八百戸とは大きな被害だ。船舶も大きな被害を受け、豊浜町小佐で漁師が一人死亡、一人が行方不明になっている。伊勢湾、三河湾では漁船の沈没・破船が多く出た。日間賀島の漁師四十八人は八艘の漁船で渥美外海に出漁中この暴風雨に遭い転覆した。二艘十二人は救助されたが、六艘三十六人は行方不明になっている。

さらに漁師六人が今は同じ南知多町内である北隣の山海沖合で打瀬網操業中、流され、日本郵船の貨物船に救助されている。

長寿だった長姉と妹

長姉のおせさんは九十八歳まで元気だった。生家のすぐ近く、国道をはさんだ、昔は海で伊勢湾台風前に埋め立てられた土地の大きな家に住んでいた。

生前、食事中に伺うと歯のない口で魚をほおばっていた。そのころはもう寝ている時が多いようだったが、話を聞いた時は椅子に腰かけていた。いくつか質問すると「もう何もわからん」と白い髪の頭を指し、それでもはっきり応答をなさった。

うめさんの実家を継いだ妹の石黒小梅さんも一昨々年末九十二歳で亡くなられた。七人きょうだいも、今はうめさんだけになってしまった。

小梅さんはうめさんの㋩で長らく手伝っていて、うめさんの世話で一家は役場近くの広い地に移り住んでいた。ということはうめさんの実家がそちらにかわったということである。

うめさんの実家・石黒家を末娘で六女の小梅さんが継いだのは、ただ一人の男子だった長男の石松さんが昭和十四（一九三九）年四月十四日、中国で戦死したからであった。

「四ばかりそろった日に、兄さは死なせた」

うめさんは嘆いた。先に満州事変（昭和六年・一九三一）に引っぱり出され、二度目の出征で日中戦争の犠牲者となったのである。

だから小梅さんはそれを待っていたようにして三十過ぎてから三つ年下の忠夫さんを養子に迎えた。石松さんの二度目の出征の前、うめさんはすでに結婚している。母親のといさんは万一を思って小梅さんの結婚をのばしていた。不幸が現実となったのである。

四番目の姉、うめさんに一番年齢の近かった千代さんは戦後死んだ。

「船乗りと一緒になっとったが、子供が五人おって、六人目を妊娠しとる時にのうなった」

うめさんはきょうだいの中で一番親しかった千代さんをしのぶ。千代さんは結婚後事情があって常滑へ夜逃げした。その事情は後で述べる。

「着物をよく借りた」とうめさんはいう。常滑へ行った千代さんを訪ねたらしい。

その上の姉・かねさんはまだうめさんが幼い時に十六か十七でなくなっている。

さらにその上の二番目の姉のせつさんはうめさんが十七か十八の時三十六、七歳でなくなっている。というと八十年近くも昔のことになる。

四、五歳ころ電灯がつく

豊浜は漁業の町だが、その漁獲の変動もこの頃激しい。

イワシはマイワシとカタクチイワシに大別されるが、明治四十一（一九〇八）年、知多半島全体でマイワシの漁獲量が九百三十一トンあった。ところが四十三年には三百十二トンと激減し、うめさんの生まれた四十四年には二十一トンにまで減り、翌年から三年間はついに漁獲量ゼロとなっている。

一方カタクチイワシは四十一年はわずかに五トンだったのが、四十四年には六百九十四トン、翌年には千四百三十三トンと激増している。

原因は台風の影響で淡水が多量に流入し水温を下げたためとか、海流の変化、光合成によって繁殖する植物プランクトンの異常発生などといわれるが、実際のところはよくわかっていない。

マイワシの増減には五十年周期説とか、七十年周期説もある。

また漁法でも豊浜では明治の中期から伊勢湾での打瀬網が徐々に制限されてきた。打瀬は帆をはった船が網を船べりから流し横すべりに引く漁法である。効率的だが資源の保護にはそぐわない。

そこで規制を受けた漁師は勇躍当時の朝鮮まで出かけ、釜山《ぷさん》を拠点にフカや鯛を獲るようにもなった。

自然には恵まれている豊浜だが、またその自然に翻弄されて生きてきたのも庶民であった。

豊浜に電灯がついたのは四歳か五歳のころだったとうめさんはいう。記録によると半田市の亀崎、成岩に知多瓦斯株式会社によって電気が引かれたのは大正三年だが、豊浜は一足先の大正二年九月に愛知電鉄会社によって送電が開始されている。名古屋に近い知多半島中央部よりむしろ早い。

しかしそれまではもちろんランプだった。うめさんより二年後に半田市で童話作家・新美南吉が生まれている。この人の童話に「おじいさんのランプ」がある。そこにも出てくるようにガラス製の火屋《ほや》を磨くのが子供たちの仕事だった。もちろんうめさんも火屋を磨いた。

夜、外へ出る時、当時はブリキ製の携帯用石油ランプのカンテラを下げて出た。夜の漁にはずっと後までカンテラだった。

豊浜名物鯛祭

当時の豊浜は今よりずっと海は遠浅だった。近年、港も浚渫《しゅんせつ》したり、台風の影響で海の様子がかわったが、昔は松林の外に砂浜がひろがっていた。

豊浜名物の鯛祭にもかつては牡・雌二匹が出た。最近は新居、鳥居、半月、中村、中洲の五つの字が鯛を出すが、一番北よりの中洲集落の一番大きい鯛だけがどうやら海へ入る。昔は遠浅の海をどの集落からも若者が出てハリボテの鯛をかついで文字通り泳ぎ回った。海中を引き回せるだけ沖まで潮が引いたのである。

また金銀の豪華な衣装をつけ、色帯を何本も肩からつるし、白足袋、白鉢巻の少年二人が太鼓を打って進む「はらみ」の勇壮さが忘れられないとうめさんはいった。

今のように祭に合わせて派手に花火はあがらなかった。が、代わりに近ごろあまり見かけなくなった大漁旗が彩りをそえていた。それが子供のうめさんを興奮させた。夕方になると、鯛の胴内の提灯に火が点った。

うめさんは姉たちと主に海へ出て遊んだ。貝拾いが、海草拾いが遊びであり、姉や兄の後について走った。

学校は遅刻常習犯

大正七（一九一八）年四月、うめさんは豊浜第一尋常高等小学校へ入学する。当時豊浜にはもう一校、乙方に第二尋常小学校があった。第一は現在の豊浜小学校の場所でかわらず、新居の家から歩いて十分ほどだった。

明治四十年の小学校令改正により義務教育もそれまでの四年から六年に延長され高等科二年も設置されたが、豊浜では当初第一の方にだけ設置された。第二に高等科が置かれたのはうめさんが第一に通っていた大正十一年である。

戦前の小学校はどこでもそうであったが、男子と女子は別のクラス、「男女七歳にして席を同じうせず」であった。

うめさんの記憶では第一尋常高等小学校も一学年それぞれ男女一クラスずつ四十五人くらいであった。

一世紀近くも昔のこととなると細かいことはうめさん自身の記憶もはっきりしないのは当然だろう。だが鮮明な思い出として残っていることをうめさんは語った。

「家の手伝いで、いつも学校へは遅刻して行きよったな。朝、水汲みやらお勝手の仕事を手伝っとると遅れてしまう。遅れると先生が『立っとれっ』ていって叱らした。

わしはそれが悲しうて仕方がなかった。だけどよう、藤田先生だけは叱らせなんだ」

知多半島は昭和三十六（一九六一）年、愛知用水が通水するまで半島全域で九千六百余りの灌漑用溜め池を頼りにしていた。その雨池《あまいけ》といわれた溜め池も半島南部は少ない。豊浜は知多半島の中でも平均高度が高く、全般に傾斜地が多い。雨水がたまりにくく干ばつの被害を受けやすかった。

だからうめさんも長年水には苦労した。遅刻の原因も多くは水汲みだった。

子供が先生に叱られると、ほかの子供たちは、事情を知っていても知らなくてもその叱られた子供をいじめる。また遅刻して先生に叱られないと隣のクラスの男の子が放課にいじめに来た。それは当時の男の子の遊びの一つにすぎなかったのかも知れないが、いじめられる女の子の方はたまらない。学校では遅れると廊下に立たせるのが決まりであったから、遅れて立たされないのは子供たちからいえば当然の報いを受けない不公平という理屈でもある。

しかし集落の人たちが白山と呼ぶ半島の背骨近く、山の中にある初神《はしがみ》出身の若い女の藤田先生はうめさんの家庭の事情も、なぜ遅れて来るかという理由も知っていて肩をもってくれた。うめさんだけではなく、どの子にも思いやりを持って接したのであろう。そしてうめさんはその藤田先生の思いやりを今も忘れない。

「わしはだからといって遅れていいとは思わなんだ。藤田先生がそうやってかばってくだされたで、遅れんように、学校の始まる八時までには駆けていくようにした。勉強かな。勉強は出来やせん。だが計算、算盤は得意だった。計算はだれよりも早かった。先生が問題を出されるやろ。そしたらわしが一番か二番に手をあげよった。いつも三番と下ることはなかったな」

〝先生の親切に甘えない〟

のちに㋩を創業し、今日にまで築きあげた計算の才覚はそのころからあったのかも知れない。親切に甘えないという気質は変わらない。

当時の小学校では図画や読本、習字などの授業もあった。だがそれらはあまり好きでも得意でもなかったようだ。だがもう一つ好きなのは体操だった。運動会にはかけっことか玉入れとか縄跳びとかをやった。これらは今の小学校でもやることだろう。

何年生の時の運動会だったかはっきりしないが、かけっこでこんな事件があった。それまでかけっこは速く得意だったのにもかかわらず、どうしても賞がとれなかった。それが悔しい。うめさんはその時の運動会のかけっこで前の人を押したおした。どうしても一等賞がとりたかったのに前の子が邪魔で十分に走れなかったからだ。

結局一等にはなった。しかし後味は悪かった。さらにそれを先生が見ていた。賞はもらえなかった。

「わしはその時それでいいと思ったな。賞は欲しくて倒したのだが、気持ちは悪かった。自分が情けないと思っとったで」

普段の態度も当時は「行儀」といって通信簿にのっていた。「甲」、「乙」、「丙」、「丁」と成績をつけた。うめさんは「算盤」と「体操」はいつも「甲」だった。「行儀」はいつも「丙」だった。篠島出身の小柄な男の小久保先生に「横着者」といって叱られた。うめさん自身も「わしは横着かったよ」と認める。「横着うて、横着うてな」。

成績はまあまあというところか。だが小学校の成績などというものは家庭環境に大きく左右される。どうやら、うめさんをみると男の子にいじめられたことが成績に影響したとはいえないようだ。気は強かったはずだ。それが学校ではあまり発揮出来なかった。

実際、家庭に問題があった。

大酒飲みの父親

「なにしろ、男親が酒乱での。酒を飲むと物をむやみに投げんさったな」

七人の子供をかかえた父親の安吉さんは、普段はおとなしいいい人だった。だが、毎晩酒を飲んだ。雨の日は仕事もせず一日中酒びたりの日もあった。うめさんの記憶では一日に五回も六回も酒を買いに酒屋へ通ったこともある。

酒を飲むと荒れくるい手元にある茶碗でも何でも手当たり次第投げつける父親を、子供たちは隣の部屋から指に唾をつけ障子に穴をあけてのぞき見していた。うめさんは母親のといさんが父親にいじめられやしないかと恐れていた。

酒屋へ行くのはいつもうめさんであった。うめさんが物ごころついたころには一番上の姉おせさんはすでに漁師と結婚して高浪姓になっていた。次のせつさんも大岩磯吉さんのところへ嫁いでいた。

当時、「酒は一升（一・八リットル）九十銭だった」とうめさんはいう。毎日だから高級酒ではなかろう。豊浜に酒屋は何軒かあった。漁師は酒をよく飲む。そして知多半島は半田を初めいい酒を産する。それにしても安吉さんはよく飲んだ。そして博奕をした。

「八十銭持っていくとな、八合。九十銭だと一升。十銭で二合増やしてくれた。十銭のことで二合（〇・三六リットル）ちがった」

「（父）親はこわかった。子供らはみんな父親の顔を見るのをこわがっとった。普段はおとなしい人だったが酒が入ると人が変わった。そういゃあ、わしは酒瓶を割ってまったことがあったな」

〝酒瓶を落といてまった〟

十歳くらいの時であった。

その日も酒を飲み出した父親をうめさんや石松さん、小梅さんたちは部屋のすみから見ていた。はじめはちびちびとやっていたが、そのうち安吉さんは茶碗でぐいぐい飲みだす。外でも飲むがとにかく家ではむやみに飲んだ。

一瓶空けると安吉さんは大声をあげる。

母親のといさんに「酒を買ってこい」というのである。その日、家には現金がなかった。

それでもいい出した安吉さんはおさまらない。

といさんはあっちの引き出しこっちの引き出しと家捜しして、ようやく九十銭かき集めるとうめさんを呼んだ。

うめさんはその銅貨を握りしめて酒屋へ走った。行きつけの酒屋は┐半《かねはん》こと家田半三郎さんのところだった。現在も国道沿いに「┐半家田酒店」の看板がかかった店がある。

「急いどったんよ。酒買って家へ駆けて来る途中で瓶を落といてまった」

寒い夕方だった。小雪が舞っていた。伊勢の海からは冷たい風も吹いてくる。うめさんは酒瓶を小脇にかかえた。そして手をこすったとたん瓶がすとんと落ちた。一升瓶はコナゴナに割れてとび散り、酒もあっというまに流れて消えてしまった。

帰ったうめさんは家の戸口に立ちすくんだ。家へは入れない。

家の中からは「まだ酒が届かないか」と安吉さんの怒鳴り声が聞こえる。

うめさんはどうしたらいいかわからない。外で泣きじゃくっていた。その姿が離れの明かりで格子戸にうつっているのにも気づかずしばらく泣いていた。影に気づいて母親が酒を受け取ろうとして飛び出して来た。

「わし、酒を落といてまった」

うめさんは叱られると思って身を小さくした。泣きながら次には構えていた。

「そしたら女親はわしの足にしがみついてきた。酒を割ったと聞いてわしの足を見なさった。そしてわしが無傷なのを見て『うめ、よかったなあ。うめ、よかったなあ。よかったなあ。足に当たらんでよかったなあ、足が切れなんでよかったなあ』と何度もいってわしの足をさすってくださった」

母親のといさんはうめさんが何も持っていないことには目もくれず、酒でぬれたうめさんの足がガラス片で傷つかなかったのを見て喜んでくれたという。なでてくれたという。

そのことをうめさんはあちこちで話した。講演会でもいつも話した。

だがその時は、うめさんはただ「酒瓶を割ったけれども母親に叱られんでよかった」と思っただけで特別何も思わなかったという。

父親はまだ怒鳴っていた。「早く酒をもってこい」と大声でいう。その声が外で泣いているうめさんの耳にまで届いた。

母親は安吉さんの怒鳴り声を背にそのまま外へとび出して行った。そしてしばらくすると一升瓶をかかえて戻ってきたが、家にはもう金はないはずだった。だからといさんはどこかからお金を借りて買ってきたに違いなかった。半でツケだったかも知れない。といさんは、他人から借りるということの嫌いな潔癖な人だったが仕方がなかった。

母親の愛情をいまも

しかしそれを語るうめさんは母親の愛情をしみじみと感じている。くりかえしていう。

「あの時、母親が『なんで割ったっ』て怒っとったら、わしは『仕方がないでないか』といって母親と言い合いをし抗弁し、反抗しとるのが関の山だったに違いないのう。そして今の相川うめも㋩もありゃせん。

それが酒のことは何もいわず、『足が切れんでよかったのう』と親はいってくださった。わしの足を抱いてくださった。わしは叩かれると思っとったが、おっかあは『うめ、足が切れんでよかったなあ』といってさすってくだれた。親は本当にありがたい。

だでわしはな、十歳を越した子供は決して叩きゃせなんだ。叩いたってあかせん。叩けば反抗するだけだ。それより子供は親の姿をみとる。親が一生懸命働いているかどうかをちゃんと見とる。そして、親のやるようにちゃんとやる。わしは母親の姿を見て育ったんだで」

障子紙の置き手紙

その母親についてうめさんは次のようなことも語った。

「わしは、親の手紙がうれしゅうてなあ。学校から帰るのが楽しみだった。学校ではいじめられるやろ。だで楽しうない。父親が大酒飲みで金に苦労しとったで、男どもはわしをいじめるんや。

ところがその学校から帰ると女親は、ちゃんと手紙を書いて置いとってくれた。わしはそれが楽しみで学校がおわると走って帰ってきよった。それはわしばかりではない。姉さたちもそうだった。

そうすると今日は山におるとか、どこそこにおるとか手紙に書いたる。

それが飯台のところに、茶碗を伏せてその下にある。

（母）親は学校から帰って来たわしたちが、働きに行っておらんでさびしかろうと思って、いる場所を書いといてくれたのよ。だでわしは、それを見ると一目散に親の働いとるところへ駆けて行った」

酒飲みの亭主を持ったといさんは始終自分が働かなければならなかった。すると幼いうめさんは、今の言葉でいえば鍵っ子になる。そこでといさんはその鍵っ子とのコミュニケーションを取る手段として置き手紙をしたのであった。紙はうめさんによると張りかえた古い障子紙である。桟ごとに取りはずした古い紙をといさんはきちんと仕舞っておいてそれに書いた。

母親は日によって山の畑で働いていたり、海でワカメやアラメ、あるいはヒジキを採ったり拾ったりしていた。

「そいで急いで山へ行くと柿の木に弁当がぶら下げてあった。それがうれしゅうて仕方がなかった。蟻が食わんようにそうしてあった。それを降ろして食べる。

そしてその時、親はいろんなことを話してくれた。それを聞くのがまた何より楽しみだった」

晩年の母・石黒とい　＊

「遊びってそれはした。子供のことだからな。始終手伝ってばっかしってことはない。おはじきしたり縄とびもした。新居の氏神さまの土御前《つちごぜん》神社の境内でな。海で泳ぎもした。だがテングサ拾ったりヒジキ拾ったりも遊びのうちだったな。海辺で拾うのは楽しかった。

そいで一番多かったのは子守だな。近所の子をよくおぶった。それも遊びといゃあ遊びでよ、仕事とは思わなんだ。

こんなことがあった。わしが下駄を飛ばして遊んどった。あしたの天気を占っとったのかも知れんな。そしたらそれを（母）親が見ておられた。そして『お前は何やっとる。下駄っちゅうものはな、お前の足が傷つかんようにしてくださっとる。裸足で歩いてみぃ。足に傷がつく。それをお前は蹴飛ばしとる。ものにはありがたい、感謝するという気持ちが大事じゃ。うめ、お前はそれが解っちょらんな』そういわせた」

母といの教え

うめさんはこの母親から人間として大事なことを習ったようである。

「蠟燭は身を削って、あたりを照らす」というのが今もうめさんの生活信条だが、これもこの「下駄が足を守ってくれる」と説いた母親といさんの教えが基となっている。

その時、母親のといさんは「下駄も石を蹴ったり鼻緒をばたばたさせれば、半年もつものも半月でへってしまう。大事にはけば一足で二足、三足分もつ。ものは大事にせないかん」と教えてくれたという。

経済観念も教えたのである。それも今のうめさんに生きている。

戦前までは、いやついこの間、いわゆる高度成長期前までは日本人の間に「もったいない」という言葉が残っていた。「経済的」などというそっけない言葉ではない。物を大切にするという精神のこもっている言葉であった。

それがどういうわけか、近年、粗末が美徳のような風習がひろがっている。だが、資源に恵まれない日本ではこのうめさんのお母さん・といさんのような考え方は古いなどといって決して退けることは出来ないはずである。事実、ケニア出身のノーベル平和賞受賞者ワンガリ・マータイさんが日本へ来てこの言葉を知り感銘を受けたという。そして世界に「もったいない」精神を広める運動も始めている。

とにかく母親・といさんから受け継いだこの精神をうめさんは、嫁さんに㋩の予約の記入にカレンダーの裏を使わせるということで受け継がせている。

名切の弘法さまに願かけ

氏神の土御前神社の祭礼の〝おこもり〟は十月と十一月だった。十月は神様をお迎えする。十一月は神様をお送りする。それぞれの日はおはぎを作った。最近は砂糖入りで甘くなったが、うめさんの子供時代は「砂糖は入れず塩入りのぼた餅だった」という。それを食べるのが楽しみでうめさんは、あの高い石段をのぼって行って、夜の十二時まで母親と神社でおこもりをした。

うめさんは酒飲みの亭主をもった母親が名切《なきり》の弘法様に願をかけるのを見ていた。おかげでうめさんのきょうだいたちはみんな歌をおぼえるようにして意味もわからず般若心経を覚えた。

名切の弘法様とは「知多新四国八十八カ所」の四十四番目の札所、菅生山大宝寺である。「知多新四国」は「四国八十八カ所」、知多で「本四国」という弘法大師の札所に倣って江戸時代後期、今から二百年ほど前に知多半島につくられた。そして豊浜でも普門山影向寺が四十番の札所である。

ところで大宝寺は内海の山中にある。そこまで藤田先生の初神集落を通っておよそ六キロを母親は雨が降って仕事が出来ないと、子供をつれて歩いて行った。先代の庵主さまをといさんは頼っていた。

といさんにとって信仰は唯一心を支えるものであり、酒飲みの安吉さんとの生活を支えるものであった。

「(父)親は村の仕事に行っても、常日頃酒ばかり飲んでいるせいか、足がふらふらになってしまうので、母親が大八車を引いて迎えに行きよりなさった。夜中の十二時でも一時でもちゃんと迎えに行きなさった。

その時は母親の気持ちはわからんかったが年をとるとようわかるようになってくる」

「こんなこともあった。ある日、女の親(母親)は子供らを集めていいなさった。『お父っつあんは酒飲みで仕事も出来やせんから、おいらがそれだけ一生懸命やらにゃならん。家内(家じゅう)の力でお父っつあんの分までやらにゃならん。

お前ら、お父っつあんが酒飲んで仕事しやしんから、おいらもたるくせえで(つまらんで)、おいらも遊ぶめえかというような、頼むでそういう気持ちを起こしてくれるな。お父っつあんがせやせんから（仕事をしないから、その分）、おいらがやるんだと思ってくれ。家内で遊んどったらこの家屋敷の財産を売りゃなならん。おるところものうなる』」「お父っつあんが飲むでおいらが働いて始末（倹約）をして、どうかして財産をなくしたりせんようにおいらはしっかりやるで、頼むで」

〝酒乱は死ななおらん〟

母親のといさんは酒飲みの夫のために苦労はしていたが、子供の教育には心をくだいていたようだ。

「いつだったか、名切の弘法さまの帰りだった。途中に大きな池がある。そこまで来ると親がくたくたっとすわりこんで動かなくなってしまった。わしたちは池へ石をほうったり、草むしったりして待っとったがちっとも動かん。

そいで『早く帰ろう、早く帰ろう』と手をひっぱったら、立ちながら、『お父っつあんの酒を飲むのはいっくら飲んでもいい。だけど酒乱だけはなんとかなおしてもらおうとこれくらい一生懸命にお願いしとる。それでもなおらんで、今日おっさま（和尚）に頼んで弘法さまに聞いてもらったら、死ななおらんといったと。酒飲んで物投げるのは死なななおらんと弘法さまがいわせたと。こんな情けないことはない』といってまたすわりこんだ。

あの時の池の緑が今も目にうかぶ」

「わしは学校で学んだよりは、母親から学んだな。それも言葉より背中で教えてくだれた。それを見てわしは育った」

子供だからそれでも「あれ買って、これ買って」と甘えたらしい。それに対して母親は「無駄なものはおけよ。だけどどうしても欲しいものはいえ。銭がないからといって、人の物盗ったりしちゃいかん。借りるのもいかん。借りりゃ、取りにくる。借りたものは返さなならん。借りさえせな誰も取りにきやせん。何事も罪は自分でつくるんだで、罪をつくらんように、借りをせんようにせないかん」と教えたという。

子供が欲しがるものをといさんはどんなにか買い与えたかったにちがいない。しかし収入以上に飲む亭主を持ったといさんはそんなことをいって子供を諭すより仕方がなかった。

しかし子供は直感で親の心を読みとる。そしてうめさんにとってその読み取ることが教育だった。

いじめられっ子のうめさんも尋常科を卒業した。大正十三（一九二四）年の春である。上に高等科があったが、酒飲みの父を持ったうめさんには関係ない。また当時は名古屋でさえ高等科へ進む者が少なく社会問題となっているくらいだった。とにかく今なら女の子は中学校の真新しいセーラー服に身をつつむところだが、うめさんはすぐ実社会に身を置くこととなる。

3　社会への旅立ち

まずまずの家柄

うめさんは自分の苦労話をしたが、生家は決して貧乏だったわけではない。父親の安吉さんが酒飲みで、しかも博奕も好きであまり仕事をしなかったから現金収入がなかっただけだ。

財産は相当あったといってもいい。家はもちろん持ち家で田畑もあったし、年貢さえも入った。生家の母屋は瓦葺き平屋で当時の標準的な四部屋だった。オンゲと呼ぶ客間、デーという仏間、それに台所兼食堂であるチュンマと納戸があった。

海に近いせいもあって豊浜は瓦葺きの家がほとんどで、藁葺きや茅葺きの家は、当時もほとんどなかった。

石黒家の母屋の前には庭があり、さらに離れとして曲がり屋に四畳間と八畳、倉庫があった。くぐり戸のついた門もあった。まああといえる。曲がり屋の四畳の部屋にはといさんの母親、うめさんにとってはおばあさんになるみよさんが住んでいた。このみよさんはうめさんが数えの十七の春、というと昭和二（一九二七）年、八十四歳でなくなっている。

子供たちは八畳間で生活し、安吉さんは母屋のチュンマでいつも酒を飲んでいた。曲がり屋では時季になると蚕を飼った。子供の頃のうめさんは畑で桑の葉もつんだ。田圃もあり、さつま芋や麦、大豆、小豆、野菜なども作った。幼かったうめさんに家にどれだけの田畑があったのかはわからない。とにかく年貢が入ったぐらいだから、石黒家の財産そのものは相当あった。

「親が酒飲みだで、現金がなかっただけだ。田地、田畑は結構あった。（母）親はそんな田地、田畑を自分の代に売ったりするのが嫌で一生懸命働いとった」

当然沖仕事に必要な伝馬船や、大八車なども持っていた。

安吉さん自身、新居区長もやり、安吉さんの弟でうめさんの叔父の兼吉さん、彦吉さんたちはなかなかのやり手で大型の運搬船を持ち、九州・佐世保あたりと通商していた。石炭や炭を運んだという。

父親がまともに働いてくれれば、そんなに生活に困るはずはない。酒を飲まない時の父親は「馬」になって子供たちを背中にのせ部屋中を歩きまわってくれたが、何しろその酒量が家計を圧迫していた。

十二歳で岡崎へ出稼ぎに

当時は数え年だからその勘定でうめさんは「十三歳」というが、今の数え方でいうと満十二歳の春、尋常小学校六年を卒業するとすぐ、うめさんは岡崎へ行く。更紗の着物に足袋、新調の下駄というういで立ちである。

豊浜からの仲間は八人いた。みな丸三製糸株式会社に集団就職したのである。大正になっても蚕の糸繰りの需要は多かった。当時、女性の給料取りといえば学校の先生か電話交換手、あるいは看護婦などだけだった。もちろんそれらは資格がいる。資格のいらない女性の仕事といえば女中仕事くらいだった。

女は家にいて、家庭を守るのが通念の時代だったが、石黒家はどうしても現金収入を必要とする。海へ出るのが一番収入が多いがそれにはまだうめさんは幼すぎた。

同じような年齢の女の子たちがつれだって三龍社の小会社へ行った。

「馬車で行ったわさ。馬車で武豊まで行って、汽車で岡崎までだった」

武豊線は東海道線をつくる資材運搬のために日本でも最も早い時期の明治十九（一八八六）年の三月に開通している。旧国鉄の東海道線が開通したのは明治二十二（一八八九）年、そののち複線化したのは大正二（一九一三）年である。

うめさんたちは初めて武豊から黒い煙を吐いて走る汽車に乗り、大府で乗りかえて東海道線で岡崎へ行く。

乗り継ぎの便は悪かったが、今も豊浜から岡崎へ行くのにはこのコースが一般的だろうか。名鉄河和線で神宮前へ出るより早いかも知れない。

それにしても豊浜から武豊までの方が大変だった。

馬車というのは乗合馬車である。うめさんは『馬車音』さんの馬車で行った」という。音吉という人が馬車曳きだった。「てっぽう袖」と呼んだ筒袖の半纏に地下足袋姿で馬の手綱を引いた。客の乗る箱（車輛）の前で馬に鞭をあてる。

実はうめさんたちが岡崎へ向かった大正十二（一九二三）年には、数年前から知多半島にもバスが導入されている。黒い車体の外側に車輪をはみ出させたT型フォード五人乗り幌型や、シボレーの幌型である。その運営にあたった知多自動車株式会社の設立には沢井喜助、内藤伝禄らの名前とともに醸造家の梅原半兵衛の名も見える。この人は文化勲章を受けた哲学者・梅原猛氏の養父で内海が町の時代に町長を何度かやっている。

話が横道にそれるが、梅原猛氏の養母、すなわち半兵衛さんの妻は明治の小説家・小栗風葉の妹である。

とにかく豊浜から直接武豊へ向かう路線バスはなかった。

名鉄（その頃は愛知電気鉄道）の常滑線はすでに明治四十五（一九一二）年に開通しているが、今の河和線が成岩（半田市）から河和口まで延びるのはずっと遅れて昭和七（一九三二）年七月一日である。当時はこの線は常滑線とは別会社の知多鉄道の経営だが、今の終点・河和まで通じるのはさらに三年後である。だから河和から武豊まで、今の名鉄電車を利用する手段も大正十二年にはまだ整っていない。

ゴム輪の乗合馬車

馬車は走る。

知多半島、特に南部の西海岸は波の浸食がはげしく、景色のいい海岸沿いの車道を今のようにのんびりと走ることなどは出来なかった。

豊浜、あるいはその先の師崎あたりはある意味では陸の孤島だった。前に海が開け九州や朝鮮とはつながってはいても、陸路は半島の丘陵をうねうねと上がり下がりする細い路ばかりである。

とくに豊浜から師崎へかけては崖が海にせまっていた。路といえるほどの路はなく干潮時だけ、山すそが通れる程度だった。

崖や岩壁を切り崩す難工事のすえ、バスが通る知多半島一周道路が実現するのはようやく昭和十二（一九三七）年である。

だから当時、半島の先へ行くには新居から丘陵を越えて小佐へ下り、再び山をのぼり現在の航空灯台のある奥狭間から汁谷へ下りる山越えが普通だった。

豊浜の中洲から山海へ出るにも海岸を避けて山中の路だった。

さきに名切の大宝寺へ母親のといさんと何度か参ったと書いたが、これも今の海沿いの県道から内海インターへ抜ける広い道などではない。今も残っているが、百々川沿いをのぼって初神から岩屋を抜ける曲がりくねった山道である。途中は今でも鬱蒼としていて、とても集落が近くにあるなどと思えないところである。

武豊へは、ようやく二メートル幅に整備された七曲りの山道を乗合馬車で走った。知多半島を西から東へ横断した。従来は鉄の車輪だったが、この頃はゴム輪になっている。といっても空気の入らない固い車輪で、乗り心地がいいとはいえない。

うめさんたちの時はもう少しあがっていたかも知れないが大正六年、師崎から武豊までの乗合馬車の運賃は四十二銭。豊浜からもほぼ同じくらいの料金であったろう。白米一升二十銭の時代である。その馬車で師崎から武豊までの所要時間は二時間、豊浜からもほぼ同じ時間かかった。

丸三製糸工場

「乙方の岡田さんが、あそこのおっかのたまさんとの夫婦が世話役でな、その人についてった。

給料はいくらだったか覚えておらんな。そうだ、わしは貰わせん。岡田さんが家の方に渡いてくれるようになっとったで。会社は百人もおったかな。糸を繰るの。お蚕さんの糸を。こうやって、右手で糸繰り車をまわいて、反対の手で三本くらいの蚕の糸を撚《よ》る。ずうっと並んで、そう何時間も無理やり働かされるということはなかった」

「女工哀史」のような悲惨な労働条件ではないようである。それとも幼い時から手伝いをしてきたうめさんだから辛いと思わなかったのであろうか。それでも工場のイメージは今とはずいぶん違う。

「板だがね。長い机がならんでいて。そりゃ椅子に腰かけてやった。隣との幅が狭くて、これくらいしかありゃせん。糸繰りの車と車の間がちょこっとしか空いとりゃせん。そこで湯に通《とお》いたお蚕から糸をたぐるのよ」

両手を肩幅くらいに広げてうめさんは自分の仕事場を示す。みんなが糸繰り車を並んで操作したのだから、当時の大手の製糸工場とはいえ、なんだか家内工業のイメージである。

工場は鰻の寝床のように長く、平屋建てで矢作川の近くにあったという。そこに建物の端から端へ長い机をずらりと並べて娘たちが糸をとる。

寮は豊浜出身の者ばかり八人が二部屋に分かれて一緒だったので淋しくなかった。豊浜ばかりではなく県内あちこちから娘たちが集まっていた。岡崎の近くの一色、知多半島の常滑、三河の吉良吉田などからだった。

食事は食堂に集まって食べた。

「うまいものといえば肉うどんだったな。あれはうまいと思った。豊浜にはないものな。葱が入っとって」

海辺育ちで、魚介しか知らないうめさんにとって肉は珍しかったのだろう。

今は鳥肉以外一切肉は食べないうめさんだが、あの時だけは食べたという。

遊ばずに送金

「それより、休みの日は公園へ行って一日過ごした。一緒に行った衆は町へ遊びに行きよったが、わしは決して行かなんだ。銭が惜しかったでな。ちょっとでも家へ送ってやりたかった。

（父）親が酒飲みやろ、だで、（母）親が叩かれとらせんやろうか、泣いとりゃせんやろうかと、離れてみると親のことばかりが気にかかった。

それで公園で一人で過ごして夕方みんなが戻ってくるころ、わしも帰りよった。公園のところにお不動様があってな、あれは今、犬山に移らせたというが、あのお不動様にお参りしとった。なあに、何も淋しいとか、わしだけ遊べんとか、そんなことはちっとも思わなんだ」

会社は矢作川沿いにあり、公園は今の岡崎公園のようである。舟が乗りいれていたというのは「五万石でも岡崎様はお城下まで舟が着く」と歌われた風情が残っていたのであろう。

当時岡崎は県下では名古屋、豊橋に次ぐ都会だった。といっても昭和初期の岡崎の人口は五万余、豊橋は七万七千、そして今二百十万の名古屋市は、昭和元（一九二六）年の人口は八十二万七千二百四十二人である。人口だけが都市の隆盛を語る資料といえないにしても、隔世の感がある。

いずれにしろ岡崎は徳川以来の格式と文化をもち、遊ぶ場所にもこと欠かなかったはずだが、うめさんは他の人とはちょっと違う。

「だけどわしはちっとも淋しいとか、僻《ひが》んだ気持ちは持たなんだ。家に送る金はわしが一番多いというのが誇りだった」

名古屋の御園座へ行ったことがないと笑ううめさんの面目躍如たるものがある。自分でいったん決めたことは容易に妥協しない。

しかし考えてみると、多かれ少なかれ戦前の日本にはこれに似た質素倹約の精神があった。

精神的に充実していたうめさんは、この時幸せだったといえるし、目的をもって働いていたうめさんは立派だった。根性がすわっているといういい方が合うだろうか。それは以後の生活にもはっきりあらわれている。そして僻まないところがいい。堂々としている。

「今は子供を育てるに難しい時代だでよう」

うめさんは何かの時にそんな言葉をもらした。「親孝行」とか「辛抱」などという道徳観、それが古いかどうかは今措《お》くとして、信念で生きることの出来た時代が去ってしまったことをうめさんは感じているようである。

親をうらむ気持ちはさらさらないし、そうかといって自分を卑下する気持ちも十代のうめさんにはまったくなかった。

考えてみれば家のために働いて、両親のために働いているのだから何も恥ずかしがることはない。だが、当時だって仲間とつれだって花の岡崎で遊びほうける若者はいたはずだが、うめさんは結局その仲間に加わらないで押し通した。

忍従の母親の背中を見て育ったうめさんはその物言わぬ教育を身につけていた。それにしても共同生活の中で自分の生き方を通すのは本来むつかしい。

妹・小梅さんの洗濯

うめさんのきょうだいはみんな忍耐強い。

うめさんが岡崎から帰った後、妹の小梅さんが西枇杷島の女中奉公に出る。長らく勤めた末、頼まれて名古屋の材木屋に移る。堀川沿いの大きな店である。

「それまではみんな三月もおりゃ、棒折って帰ってくるとこだった。高木製材所の飯炊きでな。工場には工員さんが三十五人おったっていう。その飯炊きに雇われた。ところがわしんとこの小梅は三年の余もいた。小梅は養子をもらうんでそれでやめたが、それも結婚せなんだら、もっとおった。

飯炊きといってもよう、なかなか難しいんじゃと。三升飯（五・四リットル）を炊くやろ。ところが工場で働く人は気まぐれじゃ。腹がへっとらな、お櫃にご飯が残る。そうかといってちょこっと加減して炊くのを減らすと今度は足らんことになる。なにしろ大勢の食べ加減がわからん。それで飯炊きはみんな勤まらんのだ。飯が残れば旦那には叱られる。足らな、工員さんらが怒る。そういうことを聞いとらせて、（母）親はこういっておらせた。『小梅、お前奉公に行ったらいわれただけのことをやるなや。飯炊きだからといって飯炊きだけやったらいいと思うなや。飯を炊いて自分の時間が出来たら、工員さんたちの物を黙って洗濯してやれ。何もいわんでいい。頼まれんでもいいで黙って洗濯してやれっ』て」

これはうめさんがいつもいう「蠟燭は身を削って人を照らす」の実践である。うめさんは「商売も蠟燭でなくちゃいかん」ともいうが、それは目の前の利益だけ考えてはいけないということだ。「その照り返しは大きい」ともいう。母親・といさんが教えた人生哲学をうめさんは守り、小梅さんも実践した。

小梅さんは飯炊きとして雇われながら、黙って工員たちの洗濯も引き受けた。するとそれまで飯を炊く前に思案したことが氷解してしまった。どれだけご飯を炊けばいいか頭を悩ます必要がなくなった。

思いがけず洗濯をしてもらった工員さんたちは、自分たちですすんで食べる量を調節してくれるようになった。今日はお櫃にご飯が残っているなと思うと、たくさん食べてくれる。ちょっと足りないなと見ると食べる量を減らしてくれる。

「照り返し」は大きかった。

小梅さんは、石松さんが戦死した後、前に書いたように家を継ぐために三十近くなってから結婚する。

「もう海に落ちまい」と舟に乗る

岡崎での寮生活はうめさんの生涯ただ一度の豊浜を離れての生活である。なんといっても両親や兄弟と離れて暮らす淋しさはあったが、父親から逃げられるのは一方では心おさまる時期でもあった。

しかし一年半でうめさんは岡崎から戻った。

「『おまえももう舟から落ちることはあるまい』といわれてな。兄さと舟に乗った」

岡崎へ行ったのはうめさんが幼くて、沖へ出て仕事をするにはまだ小さかったからである。しかし体も出来あがってくると海の仕事の方が収入がよい。

それまで舟に乗っていた姉たちが順に結婚したので、漕ぎ手を必要とした。

満で十四、五のうめさんは兄の石松さんと沖へ出ることになる。年号が大正から昭和に代わるころであった。伝馬船やだんべと呼ばれた底の平たい小舟で浅いところのナマコやサザエ、ヒジキ、岩場でワカメ、テングサ、アラメの海草類を採るのが主だった。

木綿や更紗で作った筒袖の「綿入れてっぽう」といわれる上着に手ぬぐい頭巾をし、ぬいぐるみ足袋やゴム長靴をはく。そんな姿で箱鏡でのぞきながら先が割れたり、引っかけ針のついた竹竿で採る。あるいはナマコ網を引く。小さい時から海と親しんできたうめさんにとって海の仕事は特につらいものではなかった。そんな格好でも「仕事に熱中していると冬でも寒さは気にならなかった」とうめさんはいった。

うめさんは兄さんが潜る時舟を漕ぐ。父の安吉さんが相手の時もあった。

「そりゃ、一人前だったわ。一人前もらった。半六さんとの時は手漕ぎではのうて、獲れ高によって分けたの」

この頃から漁船も動力船が増え、昭和五（一九三〇）年、知多半島の漁船の七七パーセントが動力漁船になっている。

漁師の家田半六さんたちと乗るのはそのチャンカーとかチャンカラ船と呼ばれた幅一メートル余り、長さ七メートル余で四馬力程度の電気着火モーターを付けた四、五人乗りの漁船だった。

夜、海に落ちて、必死で助けを求めて

動力船で沖へ出ると海老の流し網やイワシの刺し網をした。流し網は伊良湖岬の沖あたりまで網を引いて行く。車海老は朝早くや夜に獲る。

刺し網は海の中に張った網にひっかかったイワシをはずすのだが、これは夜暗くなってからの作業だった。舟から身を乗り出して網からはずす。揺れる舟の上での作業は危険がともなう。それに海の天候はよほど気をつけなくてはならない。

ほかに円く張った網にかかったコノシロを獲る角立《かくたて》網、マタカやセイゴ、クジメ、コチ、アイナメを獲る袋網は朝の仕事だった。

うめさんのいうとおり獲れた魚による売上げは船代、網代、油代、弁当代が差し引かれたあと等分に分けられた。

労働時間は決まっていなかった。今だって基本的には漁師の仕事に定まった労働時間などというものはない。潮加減が労働時間を決める。潮の具合のよい時、海へ出、天気の悪い時は仕事は休みにする。

豊浜沖で漁をする漁船（平成５年夏）

父親の安吉さんは天気がよくても酒の飲みすぎで仕事に出ない時が多かった。結局、石松さんと乗ることが多かった。

「あれはこわかったな。一度船から落ちてまった。月夜だった。兄さが箱鏡をのぞいとって何だったか、舟が、伝馬船だわ。わしが漕いどった手もとが狂ったんだわな。気がついたら海の中におった。わしは助からんと思った」

潮が流れる。必死に泳ごうとするが着ていたデンチが邪魔になって思うようにならない。何度か水を飲んだ。

兄の投げてくれた竹竿がかろうじてうめさんの手に届いた。

ほんの一寸ぐらい竹竿の先が触れたのに必

死につかまって兄に引きあげてもらった。うめさんが弘法様を信仰するのは、といさんの影響もあろうが、こうした経験が何か人間の力では及ばないものを信じさせるにちがいない。

仕事はきつかった。しかし相変わらず父親は酒びたりだった。うめさんは怠けてはおれない。

新居の生家を離れて、町役場近くの新しい家に移っていた小梅さんは生前うめさんの小さい時をふり返って「あねさは、仕事が早くて、男まさりだった」といっていた。㋩をうめさんが開業してから、小梅さんは三十年近くも店を手伝っていた。かつて材木屋できた飯炊き専門だった。

一番上のおせさんも近くに住んで、元気なうちは㋩の応援をした。

苛酷な労働がのちのうめさんの精神と体の健康を培った。

海へ出る仕事は結婚後も続く。

舟で一緒になる相手がかわっただけである。相手は相川清松《せいまつ》、二十一歳のうめさんより四歳上の二十五歳であった。

4　結婚、そして夫の戦死

うめさん、ヴァイオリンを弾く

うめさんは昭和七（一九三二）年旧正月過ぎに結婚した。
「隣の人でよ。わしを働き者と見込んで、『くれ』というてござった。うちの大将か、それはそれは石みたいに堅い人だった。式か、そんなものは今のようにはやりゃせん。うちでやった。うちと反対でよう」

反対というのは相手の親たちの反対ばかりをいうのではない。うめさんの石黒家が七人きょうだいで男が一人だけだったのに、相川家は逆に男が六人で清松さんが六男、その下に妹が一人という家族構成をいうのである。ともに七人きょうだいで男女の数が逆、そして、二人とも下から二番目である。

そしてこの結婚話に最初反対したのは姑となったそのさんであった。「若い衆が、そりゃあうちへ遊びに来よってな。あんさん（石松さん）のつれもいたし。娘のおるところには男どもが来るんだ。

夜、わしらが八畳におると若い衆がつれだってやってくる。わしらが仕事しとると手伝ってくれたな。そのうち、カルタとったり喋ったり、歌うたったりして。わしはヴァイオリン弾いたことがあるぜ。こうやって」

うめさんは左手の指を折り曲げ弦を押さえ、右手で弓を持つ仕草をする。若い衆の中にヴァイオリンを持って来た者がいたらしい。うめさんはつま弾く真似をしながら「おーれは河原のかれすすき」と小声を出す。豊浜では「船頭小唄」がまだ歌われていた。

己《おれ》は河原の　枯れ芒
同じお前も　枯れ芒
どうせ二人は　この世では
花の咲かない　枯れ芒

野口雨情作詞、中山晋平作曲のこの歌が発表されたのは、大正十二年の末である。「死ぬも生きるもねえ　お前　水の流れに何変わろ」とつづく歌詞は諦観というよりも、集まった若い男女の心を結びつける作用をしたにちがいない。

それにしても、うめさんの青春もロマンチックでセンチメンタルなところがある。

〝久作さ〟とこの末息子に惚れられて

女たちが男の家へ遊びに行くことはなかったが、若い男たちが娘をさがしに出かけるのは当時は当たり前だった。一種の若衆宿といったらいいのか。

そんな中に清松さんがいた。うめさんの方は「気にしなかった」というが、清松さんの方が惚れた。この「久作さ」のところの末息子にはいい家からいくつも縁談もあったし、当時の石黒家には事情があった。それでそのさんが反対したのだが、「どうしてもうめさんがいい」といいはる清松さんに「久作さ」の方が折れて、二人は結婚することになる。

うめさんは亭主のことを大将と呼んだ。文字通り、一家の大黒柱という考えによるのだろう。結婚式は相川家、というよりうめさんの言葉を借りれば「久作さとこ」の座敷、オンゲで行われた。

「久作」とは相川家の屋号であり、「久作さ」は「旦那衆」であった。当主は市次郎さんである。媒酌人はこの地方の慣習通り、婿の兄・「久新さ」こと相川新之助さん夫婦がつとめた。「久作さのところの新家」、あるいは、「久作さんとこの新之助」という意味で義兄さんはそう呼ばれていた。

式は簡素に行われた。三三九度の杯をかわしたくらいのものである。あとは親戚が集まって祝宴を開いた。


「久作さ」のところの末息子の嫁に選ばれたのはうめさんには誇らしいことでもあった。第一に隣の清松さんが惚れてくれた。これは思いがけないことであり、うめさんにはこの上なくうれしいことだった。そして、当初結婚に反対していたそのさんが折れたのも結局は隣の娘が「働き者」であることを認めたからだった。それを認めてもらえた上望まれての結婚である。大将となる清松さんは大柄で字がうまく、青年団の指導員でもあった。

「部落ではなわしたちが今に儲け出すって評判だった。わしの大将は何しろ石のように堅い人やろ、それにわしは『働き者っ』て評判だったで、『あの二人が一緒になったんだから今に儲け出すっ』てみんながいいよった」

祝福と期待の新婚生活

似合いの夫婦といったらいいのか、そんな集落の人たちの祝福と期待を受けての新婚生活は、しかし生家の近くの借家で始まった。

新居の住所を漢字で書くと新居と同じ新居《あらい》である。実家や相川家と同じ字《あざ》、同じ集落内である。

「ちっとでも安くあげようと思って山の上の家を借りた。だがそれはなあ、水汲みはえらかった」

最初の借家はあの酒屋の┐平・家田半三郎さんの持ち家だった。家賃は月、二円五十銭で月半ばの十六日にきちんと払った。六畳に四畳半、狭い庭がついていた。

結婚した時、この若夫婦は現金千円をお祝いとして、「久作さ」からもらっていた。当時の千円は小さな家なら一軒が買える価値があった。うめさんたちが結婚した三年後の昭和十年の物価をみると次の通りである。

米　一升（一・八リットル）　三十五銭
清酒（並）一升（一・八リットル）　一円
大工の日当　一円九十五銭
国鉄（東京〜大阪）　五円九十七銭

それだけの現金が出せたのだから、相川家が「旦那衆」といわれたのはわかる。しかし姑から一旦手渡された千円は結局貯金することになり、清松、うめ夫婦の手元には実際には貯金通帳だけしか残らなかった。

「あんさんたちは、家と網、舟をもらったが、わしらは、それはもらわなんだ」

石黒家の家庭事情

実は夫の清松さんの兄たちは財産分けとして家とか網とかを「久作さ」からもらっていたが、一番下の息子夫婦は代わりに現金を、といっても実際は貯金通帳だけを受け取ったのである。もちろん大金を若い者に渡すのに不安があり、舅夫婦は必要な時のために貯金してくれたのであろう。だがひょっとしたら当時うめさんの実家・石黒家が経済的に相当困っていたので相川家の方が斟酌したのかも知れない。

それは安吉さんの大酒飲みで家計が逼迫しているからだけではなかった。実は安吉さんの弟・兼吉、彦吉さんの海運業の好況なのを見て、先に結婚したうめさんの姉の千代さんの亭主・家田春一さんが荷船を伊勢の大湊に注文したからでもあった。若い春一さんは妻の叔父を真似て一儲けするつもりで二千円の船を注文し、石黒家も保証人になっていた。

ところが船が出来上がってみると一万円でなければ引き渡せないといってきた。千代さん夫婦はとても払えず結局「夜逃げして常滑へ行った」が、負担はハンコを押した本家の安吉さん宅にもかかってきていた。

それがうめさんたちの結婚直前のことである。

この頃は景気もわるく、官吏の俸給が切り下げられたり、東北の女子の身売りが問題になっている。だから物価の急騰は考えられない。素人の春一さんの杜撰な契約が招いた悲劇だったのだろう。


とにかく、うめさんは実家からも畑一反（十アール）を貰った。金はなくとも、年貢の入る不動産はあるのが実家の石黒家だった。

つらい水汲み

家賃が少しでも安いようにと新婚の二人は山の上の方の家を借りた。山の上の借家住まいである。井戸はない。

そこでうめさんは下の余呉源四郎さん宅から水をもらって桶を天秤棒で担いで運ぶ。子供時分から水汲みは慣れているとはいうものの、今度は一家の主婦として、炊事、洗濯の水を一人で汲み、一日に何度も坂道を上り下りする。その作業はつらい。さらに使った水を流すと、今度は下の家から苦情がくる。それでまた桶に担いで浜まで捨てに行く。

当時も新居の集落は家が密集していた。今のように埋め立て地はなく、それだけに山裾の狭い土地に家がたてこんでいた。

昔は「知多郡の雨蛙」とか「知多郡豊年米くわず」などと尾張や三河の人は悪口をいったという。「雨蛙はちょっとの日照りにもやかましく泣くし、知多郡の稲作がよく穫れるほど雨が降ったら、日本中水が多すぎて逆に凶作となり米が食えない」という意味だそうだ。

知多半島は地下水も川も少なく、水もちが悪い。平地でもそうだから、山の上の畑への水運びはどうしても必要である。

また、生活汚水の処理も狭い地域でいざこざの原因となる。何度か借家は替わったが、いずれも同じ新居集落の中である。

「(母)親が、『早起き三両、夜なべ五両、工面九両』とよくいわせた。『工面せよ、勘考せなかん。勘考せんでただ働くのは豚と一緒だ』というのを、わしは思い出したんだ」

いざこざの起こらないようにとうめさんは「勘考」した。そして家の上の畑に大きい甕を埋めることを思いついた。うめさんは生活汚水をそこに運んだ。

これは一石二鳥である。畑ではさつま芋、はぶ茶、大豆、小豆、胡麻などを植えた。田はなかったので米はつくらなかったが、麦が中心であった。一反の畑で麦が七俵穫れた。家で食べる分は二俵もあれば十分だった。

長女、長男の出生

結婚した年の末、長女のしげ子さんが生まれる。

昭和十一年の九月には長男の正夫さんが生まれた。いずれも新居の実家の近くの山の神の借家だった。

「石のように堅い」清松さんと「働き者」のうめさんの生活は順調に見えた。うめさんは畑に出る時以外は清松さんと舟にも乗った。

天気のいい日は三時、四時に起きて沖に出る。「早起き三両」である。遅い時は夜の十時、十一時まで働いた。「夜なべ五両」の実践だった。

仕事着のままごろんと横になって寝た。「何もしないのはつらい」とうめさんはいう。働くのがうめさんは根っから好きである。「仕事は極楽の遊び」という。しかも「勘考」しながら働くのである。ただ働くのではない。どうしたら、少しでも金がたまるか、父親の酒飲みの代金を払うためではなく、たまれば自分たちのものとなる。それも楽しみであった。得た金は生活費以外は全て貯金した。将来自分たちの田や畑ももっとほしかった。

通帳からお金を出すには印鑑がいるが、ハンコは姑が持っていた。預けるにはハンコはいらない。姑のそのさんから受け取った貯金通帳を持ってせっせと郵便局に通った。

時代は激動へ向かっていた。

昭和四（一九二九）年、ニューヨーク株式の暴落、世界恐慌の幕開けである。日本も翌五年春からその渦中に巻きこまれる。政府が大正六年以来の金輸出禁止に終止符を打ったのが裏目に出て、さらに株式相場、商品価格の暴落を中心に深刻な不況に落ちこんだ。昭和五年の国勢調査によると愛知県の失業者数は一万三千人と報告されているが実際にはもっと多かったと推定されている。

閉塞状態を打開するために日本は中国大陸へ進攻していく。

そしてうめさんたちが結婚する前の昭和六年に満州事変が勃発している。

昭和七（一九三二）年一月、上海事変。三月には満州国建国。

つづいて五月、犬養毅首相は海軍青年将校たちに襲われ「話せばわかる」といい「問答無用」といわれて射殺される。

政党内閣がおわりファシズムの時代にはいる。

翌年には日本は国際連盟を脱退して、昭和十二年七月七日の日中戦争へとつづく。

酒飲みの父・安吉さんはこの年、当時支那事変といった日中戦争勃発の年になくなった。六十四歳だった。

清松さんの出征

時代はさっそくうめさん一家にも襲いかかってきていた。

昭和十二年九月、五歳のしげ子さん、一歳の正夫さんの二人の子供を残して夫の清松さんが兵隊に駆り出された。倉長部隊の上海上陸作戦に加えられたのである。

うめさんはひたすら耐え、待つより仕方がなかった。

「あの時ほど、わしはおじいさん、おばあさんがおってくれたらなあと思ったことはなかった。洗濯もんを干したまま出るやろ。そうすると雨が降る。おじいさんかおばあさんがおってくれたらしまってくれるに、それがしてもらえなんだ。わしはおじいさんおばあさんがどんだけおってくれたらと思ったか知れやせん」

うめさんは子供をかかえて働く母親の気持ちを声を震わせて語る。託児所はない。

「子供叱るな、いつか来た道。年寄り笑うな、いつか行く道」とうめさんはいう。「老人は家の宝」ともいう。

現代でも核家族で働きに出る母親は同じような苦悩に直面している。七十年前のうめさ

出征する夫・清松（左側黒いノボリの前に右向きに立つ）と兄・石黒石松（右側黒いノボリの前に正面を向いて立つ）　＊

んも子どもの面倒を見てくれる人がほしかった。そうすれば存分に働くことができる。二人の子供をかかえての仕事は気が気じゃない。

　実家の母に時に面倒を見てもらったが、といさんはといさんで用事がある。引退した隠居で、気楽に子供の面倒を見てくれる人がほしいと思った。

　それでも、出征兵士の妻・二十六歳のうめさんは二人の子供を育てるために舟に乗る。舟は一人では乗れない。舟から身を乗り出して作業をするために櫓の漕ぎ手がどうしてもいる。

　相棒は当時の借家の隣の相川与六さんだった。この人は子供がなかった。清松さんが兵隊にとられるまでも一緒に三人で舟に乗っていたので気心は知れていた。

二人で乗れば漁獲や海草などの収穫による利益は等分、他の人と三人の場合は三等分というのはいつも同じだった。

うめさんはそうして働いて得た収入の半分を、二人の子供を預けた人に渡した。

「だれも自分から子供の面倒みてやるという人はござらんかったなあ。大根一本やるという人もいなかった」

うめさんはいう。人の世の冷たさといえばいえるが、豊浜の人たちもそれぞれが子持ちや家庭持ちでは他人の子供の世話をする余裕もなかったのだろう。豊浜の人々もまたみなそれぞれ働いていた。

兄の戦死と夫の帰還

子供のこと、夫・清松さんのことを考えながら海に出るうめさんにとって収入の半分を持っていかれるのはつらい。苦しいけれども弱音をはかないのがうめさんであった。その環境は一方でうめさんの自覚、今の言葉でいえば自立を一層うながした。

他人をあてにしてはいけない、子供たちは自分の手で育てるのだという決意である。

うめさんは海の荒れて舟の出せない日は、自分の畑に通った。日雇いにも出た。カタクチイワシの煮干しや干物作りを手伝ったり、田植えに出かけたり、流し網の舟に乗った。テングサを拾った。日当になる仕事は厭わず何でもやった。

実家では先に述べたように跡取りの石松さんが二度目の召集を受けて中国で戦死した。兄の石松さんは再度の出征の直前に結婚していたが子がなく、奥さんは実家に帰った。当時はこういう悲惨な例が多かった。

うめさんは清松さんの無事をただ祈るだけだった。

幸い清松さんは昭和十四（一九三九）年秋、帰って来る。

報せを受けて今の名古屋城の中にあった歩兵六連隊へ迎えに行った。出迎えで黒山の人だかりである。ロープが張ってあって容易に近づけない。その中から清松さんはうめさんを見つけ出して近寄ってきてくれた。二年の勤務を終えて、清松さんは三十二歳、うめさんは二十八歳になっていた。

『『よう見つけ出いてくれたなあ』とわしがいったら、大将は『お前の顔が一番黒かったでわかった』といった」

うめさんは笑ったが、実際うめさんは毎日、海か畑へ出ていた。相変わらず集落一の働き者だった。

とにかくうめさんはうれしい。ほっとした。これでまた水入らずで暮らせる。ところが帰ってきた清松さんは翌年マラリアにかかる。寝込んでぶるぶる震えた。思いがけず病人をかかえて家計は苦しくなる。しかし一家を支えてうめさんは働かなくてはいけない。舟に乗った。ワカメを拾う。畑仕事に出る。

清松さんは「大松病院で粉薬をもらって飲んでいただけだ」とうめさんはいった。入院はしなかった。夫は半年ほどふらふらしていた。

よくなると清松さんも海に出た。

かつて青年団の指導をした清松さんは、在郷軍人会の役などもした。

「役場へ行くと吉村良太郎さんがいつも慰問のことやなんか知らせてくだれた」

うめさんのいうのは清松さんの出征中のことである。清松さんの除隊を知らせてくれたのも吉村さんである。吉村さんは役場で留守家族連絡係、兵事担当だったので、うめさんとの接触も多かった。慰問袋の世話も吉村さんの担当だった。

中国での戦友の坂野正一《しょういち》という人が清松さんを頼って魚屋をやりたいと豊浜にやってきた。この人と後に再婚するなどとはうめさんは思ってもいなかった。

昭和十五（一九四〇）年、次男の誠治さんが生まれる。

翌年の十二月八日、日本は大東亜戦争とよんだ戦いに突入する。

昭和十七年七月、次女の八重子さんが生まれた。子供は四人となった。すでに長女のしげ子さんと長男の正夫さんは校名が豊浜国民学校となったかつての小学校へ通っていた。

夫の再度の召集

そして心配していたことが起こった。清松さんが再度の召集を受けたのである。夜、赤紙の令状を持ってきたのは役場の人だった。昭和十八年五月一日、兵庫県丹波篠山の歩兵第六十八部隊に清松さんは入隊する。

途方にくれた。

緒戦でハワイを奇襲した日本軍は昭和十七年前半までにマニラ、シンガポール、ジャワと南アジアに進攻していた。しかし戦況はすでにその年四月十八日のアメリカ軍機による東京、名古屋、神戸の初空襲を境に変わりつつあった。

豊浜でも主食は配給となる。灯火管制がしかれ、夜は電灯に黒い蛇腹の笠をかぶせた。昭和十八年四月十八日には連合艦隊司令長官・山本五十六がソロモン上空で戦死する。その直後の清松さんの出征である。先に中国から帰還して三年足らずであった。

「久作さんとこの兄さまについて面会に行ったな。丹波の篠山へ。ぼた餅作って持ってったけど、営門のところで兵隊さんに取り上げられてまった。だで大将に食べてもらうことは出来なんだ。会うには会った。三十分ばかりな。面会室があって、そこで。その後汽車で梅田まで行った。一緒の汽車で。でも車輌は別だった。兵隊さんたちは前の方、わしらは後ろじゃ」

戦況の厳しくなった中で、南方へ送られる兵士たちの見送りを兼ねた面会が設定された。うめさんは長男の正夫さんを連れて本家の相川源之助さんと部隊まで行った。役場の世話係の吉村良太郎さんも一緒だった。

夫との最後の別れ

面会の後同じ列車で家族と兵隊は大阪・梅田へ向かう。福知山線の列車の前の方の車輛に兵隊たちが、後部車輛に家族が乗ったのでもう言葉を交わす機会はなかった。蒸気機関車の煤煙で真っ黒になって梅田に着くと、汽車は清松さんたち兵隊だけを乗せていずこともなく走り去った。

これが夫・清松さんとの最後である。清松さんとの間に男女それぞれ二人の子供をもうけたが、実際に一緒に生活したのは九年ほどである。清松さんはそれから、もうアメリカの潜水艦がうようよしている海を渡って南の島へ行ったのであろうが、うめさんたちに知る術もなかった。

帰りにうめさんたち三人は、多度神社に寄って武運長久を祈った。

「ご祈禱をあげてもらったら、神主さんは相川清松を『せいまつ』と読まず『きよまつ』と読んだ。わしは変だなあと思った」

ご飯を食べたふりして

昭和十九年七月、東條英機内閣は総辞職する。日に日に日本軍は追いつめられていたが、国民には知らされていなかった。大都市の学童疎開がはじまっていた。子供は食い盛りを迎えている。麦はつくっていたが田のないうめさんは米は配給だけだった。

「子供は四人だろ。配給だで全然ほかに買うわけにいかん。それで配給米を一週間分もらっても三、四日で食べてまう。わしが食べると子供の分がのうなる。それでわしが食べずにおると子供が『おっかあも食べろ』という。食べんでおると子供も食べやせん。こうやって茶碗を置いて子供も食べんでおる。

そいでわしは仕方がないで茶碗に水入れて、箸を茶碗のぐうろ（縁）で叩いちゃ音をたてる。そうすると子供はおっかあも食べたと思ってくれるで。わしは茶碗の音をちゃらちゃらさせて、飯を食べたようにしてしのぎましたわ」

上の二人は大きくなったが、まだ下の二人は幼い。子供を預かってくれる所はない。

実家の石黒家では母親のといさんは健在だったが家督を養子に渡したからには、嫁いだ娘の子供の面倒を見ることは遠慮せねばならなかった。田のある石黒家だったが、米をヤミに流すのは厳しく禁じられ、供出を強いられていた。食い盛りの外孫にまで米はまわってこない。うめさんは実家へ行っても忠夫さんの顔を見ないように、裏口からこっそり出入りした。

仕事には子供が寝ている時を見計らって出た。起きているとついてまわる。うめさんはかつてといさんがしてくれたように置き手紙をした。

いったん雇われると勝手に途中抜け出すことが出来ないのがうめさんの一番辛いことだった。長女のしげ子さんが国民学校を卒業するまでの戦時中は大変であった。

「苦しいって、金がないんじゃない。金は年に二千円くらいは貯金したな。畑がほしかったで一生懸命ためた。使うこともなかった。大将が軍隊へ行っとるで教科書や電気代もただだった。苦しいのは食い物がなかったことが第一だ。海へ行って魚とったり海草とったりはしても米がないんじゃ」

すでに昭和十六年四月、六大都市からはじまった米の配給制度は十二月には全国の九十九パーセントで実施されている。ヤミは許されない。成人で一日二合三勺（四百グラム）だった。

当時は今のようにパンなどは食べない。米は文字通り主食である。そしてうめさんには結婚の時実家からもらった畑はあったが田はなかった。豊浜でも山の方に田を持っていた家はよかったが、そうでない家は配給だけだった。それも戦後になると、代用食として砂糖や芋が配られた。

さらには豆粕が配られたり、欠配になったりする。衣料も燃料も配給切符制で、ガソリンも重油も逼迫してバスも漁船も動かなくなる。

東南海地震と空襲の恐怖

そんな中、昭和十九年（一九四四）年十二月七日、午後一時半ごろ、志摩半島南二十キロメートルの熊野灘沖を震源とするマグニチュード八・〇の東南海地震が知多半島を襲う。つづいて翌年一月十三日、午前三時ころ、渥美湾を震源とするマグニチュード七・八の三河地震が起こった。

いずれも強震で被害は大きかったが、戦争末期のことなので被害は軍事機密とされ、その実態はあきらかにされていない。しかし二度の地震で、現在の南知多町で二百戸以上が全壊、半壊二百五十戸、死者も出た模様である。学校、工場も幾棟も崩壊している。

「あの時、家も埋まってしまった。後ろが山だったで土砂が崩れ落ちてきた。だが、だあれも助けようとはしてくれなんだ。一人で土を長いことかかって運び出した」

うめさんはいう。当時、また借家を移って山の下の家に住んでいた。山までの間にもう一軒家があったがうめさんたちの家も地震で崖から崩れおちた土で埋まった。ともに寒い時季だった。

名古屋の空襲が激しくなると知多半島の上空をＢ29が飛んでいった。南海上から飛来する爆撃機の通過コースだった。最初のうち応戦する高射砲のパチパチする音が聞こえたが、間もなくそれもしなくなった。

防空壕のなかったうめさんたちは警戒警報のサイレンが鳴ると、近くの壕に飛び込んだ。追い出されるような目には遭わなかった。とにかく清松さんが帰ってくるまでの我慢だと思っていた。

海も日本近海の空母から飛びたつアメリカの艦載機による機銃掃射で危険だった。終戦の年の六月十日、伊良湖岬沖で釣りをしていた漁師が撃たれて死んだ。七月にも殺され、この年三人が伊勢海上でアメリカ軍機の犠牲になった。

漁師の多くは召集され、漁船の焼玉エンジンに必要な重油は統制を受け、男で漁に出る者は年寄りだけになった。漁具も麻ロープも漁網も軍需品として軍におさえられ一般で手に入れることは困難になった。

ロープや網に限らない。全てにおいて物資は不足した。全てが統制の時代、魚価にも「鮮魚介配給統制規制」が適用されていた。


清松さんからは何の連絡もない。


名古屋は大空襲をうけていた。昭和二十（一九四五）年五月十四日、B29四百四十機が来襲、名古屋城御殿、天守閣が焼け落ちる。同じく十七日には熱田神宮本殿も焼失した。知多半島も軍需工場のあった半田市がたびたび空襲を受け、終戦の直前の七月二十四日には中島航空機半田製作所へ七十八機が来襲した。この時隣の武豊町もふくめて三百七十一人以上の犠牲者が出た。多くは勤労動員された生徒だった。

二度の地震と空襲で知多半島も疲弊しきっていた。新聞も「中部日本新聞」（今の中日新聞）だけに統一され、それも夕ブロイド判で、夕刊は昭和十九年三月六日で休止する。情報は極端に不足していた。報道管制がしかれ、戦況は大本営発表以外伝わってこない。

広島に原子爆弾が落とされたのは昭和二十年八月六日、長崎は同じく九日である。

終戦——夫の死

そして八月十五日——日本はポツダム宣言を受け入れて終戦。いや敗戦だった。

それでもうめさんは嬉しかった。清松さんが復員してくる。戦争に負けたからにはもう兵隊に取られることはない。「いつ大将が帰ってくるか、いつ帰ってくるか」と首を長くして待った。帰還兵の報道が新聞をにぎわしはじめた。海外からの引揚者も豊浜に現れ出す。

しかし帰ってくると思ったのに清松さんは帰って来ない。豊浜にもつぎつぎと軍服姿の元兵士が姿を現す。空襲の危険がなくなって舟を出す者が増えてきたが、清松さんは姿を見せなかった。

「だあれも、この時も誰一人として、『お前さんとこの清松さんはまだ帰ってこんか』と声をかけてくれる人はなかったなあ。『手紙が来んか』といってくれる人もおらなんだ」

不安に思いながら清松さんの帰りを待っていたうめさんにいたわりの言葉をかける余裕は当時の豊浜にはなかったようである。

そして清松さんはすでに昭和十九年（一九四四）年九月十八日、ニューギニア西部で戦死していた。

公報を受け取った時、多度神社の神主が清松さんの名前を読み間違えた時の不吉な予感が当たったとうめさんは思った。

「大将はニューギニアのサモアというとこで死んどらした。公報が入ったのは終戦後、昭和二十一年の三月だった。わしはその知らせを山で知った。

裏の山の畑で仕事をしとったら郵便屋さんが封筒を持ってきてくだれた。なんでこんなとこまで手紙を持ってきてくだれるんだろうと思った。手紙なら家でいいのにと。そしたら戦死の公報だった。

わしはそれを見てもう何も手がつかなんだ。どうしたらいいか、どうやって家へ帰ったか覚えとらん。一週間ぐらいぼおっとしとった。昼も夜もわからなんだ。本当に気をおとしたわ」

ただの白木の箱

清松さんは戦死した時、陸軍伍長だった。うめさんは支えを失った。

しばらくして白木の箱が届いた。だがそれには遺品も遺骨も入っていない。小さな紙の袋に砂が少し入っているだけだった。町から八百円が支給された。

それでも親戚や坂野正一さんの助けを借りて葬式をすませて極楽寺にほうむった。「須佐の古寺」と呼ばれる相川家の菩提寺である。高いところにあるこの寺からは豊浜の町と港が一望できる。知多半島で一番古く、すでに奈良時代、霊亀元（七一五）年にはあり、弘仁五（八一四）年、弘法大師知多巡錫の折にはここで修法が行われたと伝えられている。

「大将か、大将のことではこんなことを覚えとるなあ。正夫が『学校から遠足へ行くで、リュックを買ってくれっ』ていったことがある。あのころあゝいうもんが流行っとったんだ。わしが『あかん』といって叩いた。そしたら大将が、『そんな子供を叩くような育て方をしたらいかん』といって怒らした。そして自分で『買ってきてやる』といって買ってきなさった」

当時の物のない中、帆布で作った小さなズックのリュックサックである。うめさんの酒飲みの父・安吉さんとちがって、石のように堅い清松さんの長男への愛情だった。

5 〝魚屋になりたい〟

再婚

「魚屋になりたかった。そのためには坂野正一っつあんと再婚しようと思った。『子供を大将（坂野正一さん）に魚屋に仕込んでもらえ』と前の大将（清松さん）に言われとったし、わしもどうしても魚屋をやりたいと思っとった。だで許してもらいたいってわしは『久作さ』へ行って姑に頼んだ。そしたら姑さは『あかん』といいなさった。舅の市次郎さんはもういなさらん。正夫が生まれたかそこいらの時にのうなっておる。

姑のそのさは気の強い人じゃったで『このましとればいい。魚屋なんかにならんでもいい。そのうち子供らも育ってくる。上のしげ子はもう十五だ。正夫も大きうなった。だで魚屋なんかならんでもいい。そうでなければ勘当だ』、それだけいいなさると立ちんさった。わしは泣くに泣けなんだ。

子供たちを養っていかなあかん。日雇いもやったし、やれることは何でもやったが、わしの気持ちは決まっとった。

そいでわしは（母）親のところへ行った。養子のいない時を選んで行ったら、親はわしにこういわせた。『お前を石黒うめとして生んだ。だが相川家へ嫁にやった。嫁にやったからには大将が戦死してもお前は相川の家の者だ。姑さが勘当というならおらも勘当だ』。わしは泣いて帰った」


それは昭和二十二年の秋のことである。

清松さんの戦死を知って力をおとしていたうめさんもようやく自分の方向を決めたのである。

清松さんの最初の出征の折、中国で戦友だった坂野正一さんは今の名古屋市港区南陽町藤高出身の人である。

「もと、まるはの魚屋さんだった」とうめさんはいうが、大洋漁業とは直接関係はないようだ。戦前、名古屋で「まるは」という魚屋に勤めていた。豊浜へも仕入れに来ていたことがあるらしい。戦地で清松さんと知りあって「魚だったら豊浜へ来い」と誘われ、除隊後清松さんを頼って豊浜に来ていた。戦時中、地元になじみのない正一さんの世話を清松さんはしていた。

清松さんは昭和十八年に再度出征して戦死したが、正一さんは十六年に二度目の出征をしたが目がわるかったのですぐ帰された。そして久恵という人と結婚して女の子二人をもうけていた。

清松さんは二度目に出征する時、「わしが戦死したら子供を魚屋に育ててくれ」とあとに残っていた正一さんの商売上手を見込んで頼んでいた。正一さんはすでにカンカン（大きな四角のブリキの缶に魚を入れ売り歩く）のはしりのようなこともしていた。名古屋へ魚を持って行って売るのである。

四人の子供をかかえたうめさんはこのままではとてもやっていけないと戦時中から思っていた。そこへ清松さんの戦死の公報が入った。

物価は鰻のぼりのインフレ。配給米でさえ終戦の年十キロ六円だったのが翌々年の昭和二十二年には九十九円七十銭になっている。二年で十六倍である。

何とかしなれければならない。うめさんの「工面」「勘考」の結果は、まだ小学生の長男の代わりにまず自分が魚屋になることだった。

ちょうどその頃、正一さんは久恵さんと離婚した。体も弱かったが性格が合わなかったのが一番の原因だとうめさんはいう。

北（来た）道さがせ

「勘当」になったうめさんはだれを頼るわけにもいかない。気丈なうめさんは泣きながら考えた。そして泣きはらした後、いつか母親のといさんがいった言葉を思い出した。

「東西南北さがしてみても、西にもなし、東にもなし。北（来た）道さがせ、南（皆身）にあり」。人にたよるな、自分が生きてきた道の中に教えはある、指針はあるということだ。

これだとうめさんは思った。自分の道は自分で決めると決心した。

「封鎖の時、わしは五万円持っとった。部落で三人といないといわれた」

うめさんはいった。「封鎖」とは、政府がインフレ抑制のために新円と称する新しいお札を発行して、昭和二十一年二月二十五日から一人百円までを旧円と交換、それ以上の預金の引き出しを封鎖したことをさす。

新しい札の印刷が間に合わないのでしばらくは旧百円札には切手のような小さな証書を貼った。それが貼ってないと使えない。そして三月三日、旧円失効。

以後払い出しは月に世帯主三百円、家族一人百円という経済政策の荒治療である。その時新たに発行された十円札は国会議事堂の描かれた青い紙幣だった。

うめさんは五万円持っていた。四人の子供を抱えたかつての出征兵士の妻がである。今や未亡人のうめさんがである。

結婚の時実家から譲り受けた畑で毎年七俵の麦が穫れた。二俵は自家用だったが残りは二千円で売ったという。

それをあの「久作さ」からもらった千円の貯金通帳に入れつづけてきた。麦による収入だけではない。畑でとれた芋や小豆を売った代金も、日雇いの労賃も、海草を拾い、沖へ出て得た魚の収益もみなこの貯金通帳に入れた。岡崎へ働きに出て酒飲みの父親のために仕送りだけを考えた少女時代の習性が身についていた。戦時中、買う物はなかったし、うめさんは使うことを知らなかった。「自然とたまった」とうめさんはいう。

しかしその金がどんどん目減りする。昭和十九年に三銭だった葉書は昭和二十二年には五十銭、翌二十三年には二円である。戦争が始まった頃の小学校の先生の初任給が五十円から六十円だったのに昭和二十三年、二千円、翌年は三千九百九十一円である。ものすごいインフレである。

結局、昭和二十二年秋、親類の反対を押し切ってうめさんは亡夫・清松さんの戦友、坂野正一さんと一緒になる。

「わしは小さなって生きるのはいやだ。そういう人間だ。わしは」

寡婦として小さくなって人生を送ることはうめさんには出来ない。女として、人間としてうめさんは生きようと思った。坂野正一さんはうめさんにとって二人目の大将である。四人の子供のことを考えてうめさんは姓を変えなかった。相川のままである。

うめさん三十六歳、正一さん二つ年下の三十四歳だった。

新しい大将はいくらか短気だった。大柄な点は清松さんと一緒だったが、体は弱かった。目が悪く「とり目だな。夜になると目がよう見えなんだ」とうめさんはいう。戦争に行っていた時、中国で栄養失調に陥ったのが原因だった。後続の物資補給部隊と連絡が取れず、正一さんの部隊が長らく孤立したのだ。

正一さんは商才のある人だった。この人の教えに従ってうめさんは漁港へ行って密かに魚を仕入れることを覚えた。まだヤミ統制令（鮮魚介配給統制規制）は生きており、本来なら勝手に魚の買い付けなどは出来なかった。

魚を売ってくれない漁師もいた。それは法律を守るというのではなく、うめさんが他所者と再婚して「勘当」になったことを知っていたからであった。豊浜で魚が手に入らなければ「勘考」するより仕方がない。

伊勢の海を走り回る

うめさんは伊勢湾を渡って鳥羽や答志島の桃取へ行くことを考えつく。正一さんと一緒である。二人三脚の人生がはじまった。知り合った朝鮮人の金光さんから朝鮮飴やドブロクを仕入れる。そしてそれを船で運んだ。

帰りにはボラやマグロを積んで、主に名古屋へ持って行った。いっぺん往復すると当時の金で三万円ほどの売上げとなる。しかし危険でもある。もちろんヤミの取引だからである。資金はうめさんが山長水産あたりから借りて来た。そういう才覚はいつのまにかうめさんには備わっていた。借りて仕入れて、売って翌日には利子をつけて返す。

昭和二十四年の暮れ、正月を当て込んでうめさんは大きい商売を企てた。新しい大将の正一さんと相談して大将の弟の坂野昇さんと親戚の鈴木良一さんを尾鷲へ派遣した。坂野正一さんは十人きょうだいで昇さんのほかに房夫さんも時々豊浜へ手伝いに来ていた。

借りた船は船足がのろいので、〝うし丸〟とあだ名で呼んだ小型船である。うめさんと大将は豊浜に残って采配を振るう。

まもなく昇さんからは「サカナカッタ」の電報がはいった。当時電話は一般にはない。正月を目指して遠洋から帰ってくるマグロ船を昇さんたちは尾鷲沖で待ちかまえる。現金買いに成功したら、そのまま船から船へ魚を積みかえて直接名古屋の下之一色へ行く手筈だった。

電文は「買い付け成功」の合図。さっそくうめさんは下之一色に連絡し、売買契約を結んだ。下之一色は名古屋市内唯一の漁港で魚市場もあった。尾頭橋から単線の市電が走っていた。そこはまた正一さんの出身地の南陽町に隣接していて、知り合いの吉川さんという人がいた。その人をつてにした。〝うし丸〟は生マグロ三百貫（一トン余）を積んだはずだ。

思惑通りにいった。

ところが普通なら尾鷲から六時間ほどで名古屋へ着くのに、〝うし丸〟は二日たっても三日たっても姿を見せない。やきもきしていたら「カタヅイタ」との電報が入った。

今度の暗号電報は警察に捕まったという合図である。


夜ひそかに北上すべきところを機関士の鈴木さんが夜の航海を嫌がった。そこでマグロ満載のヤミ船は五ケ所湾から大王崎沖を昼間抜けた。無事鳥羽近くへ来た時、小島のかげに取締りの水上警察の高速艇〝かもめ〟が隠れていた。つかまった二人はブタ箱に入れられた。当時も取締りには高速艇が使われたと昇さんはいった。

もちろん魚は没収、大損である。公定価格で買い上げることもしてくれなかった。「もう二度とやりません」と誓約書を書いて二人は釈放されてきた。

しかしうめさんはこれに懲りない。もう一度今度は旧正月の需要をあてに、前の損を取りもどす計画を立てる。

警察の取締りは夜十二時までということがわかったので、夜中の一時に船を出させ暗闇の海をわたり、今度は成功、前の損を取り戻した。

ヤミ船の座礁

この頃、うめさんは鳥羽の〝大漁丸〟、〝豊漁丸〟といった網元から直接ウルメを仕入れて、自身が船に乗り込んで名古屋の下之一色へ運んだこともあった。また、篠島からアジやサバを名古屋へ運んだりもした。

昇さんの乗った船が浜島まで魚を仕入れに行って大しけにあったこともある。

下之一色ではこんな出来事もあった。

一度は小船を借りて篠島で仕入れたコチ、マダカ、アイゴ、アイナメ、海老、蛸などを満載して下之一色港へ向かった時である。あいにく途中で波風が強くなった。この時うめさんは大将と若い衆三人ばかりで乗っていた。

危険だが引き返す気はうめさんにはない。豊浜へ寄ろうかと迷いはしたが、やはり一気に名古屋へ走った方が商売になるとの判断からそのまま伊勢湾を北上させた。常滑沖を通ったころから土砂降りになった。

そしてやっと下之一色の港が見えたと思った時、船が堤防の外で浅瀬に乗り上げてしまった。下之一色沖は幅二十メートルほどの水脈をたどらなくてはならない難しい航路である。

座礁しても、ヤミ船では救援を求めるわけにもいかない。すでに時間が遅れていて、魚市場の開場には間に合わない。あたりは真っ暗。暗いのはヤミ商売には都合がいいが、魚はこのままでは腐る。気が気じゃないが目の前の港に近づくすべも連絡の仕様もない。どうやっても船は動かない。警察の船に見つかっては大変だ。

そこで泳いで連絡を取ることにした。

誰かが連絡に行かなければならないが、若い衆も尻ごみする。

「そいでなわしがな、褌《ふんどし》を頭に巻いて泳いでった。堤防までたどり着いたら、その褌、身につけて市場へ走ってった。もちろん裸足でな」

女の「褌」とは、確かめると腰巻のことである。

うめさんは雨の中を裸で暗い海を二百メートルほど泳ぎきったという。「褌」をつけては泳ぎにくかったのであろう。ずぶ濡れの、褌を腰に巻つけただけで半分裸のうめさんを見た名古屋の人もさぞ驚いただろう。うめさん三十七、八歳くらいの頃のことである。

なおこの時は大いに儲かった。何しろ天候がわるく下之一色港に入る漁船は一隻もなかった。遅れたのが幸いして、船が入ったのを知って集まった仲買人たちによって魚は思いがけず高値で引き取られた。

海の上ではひとつ間違えば大変なことになる。

次は小型船に大将と、その弟の坂野房夫さんとうめさんの三人が乗り込んだ時である。夜中、突然船に衝撃が伝わった。

ど素人の舵取り

「わしが舵取っとったのよ。その日はほとんど寝とらんかったな。朝早く豊浜を出て、篠島でアジとサバを買って、船に積んで、名古屋へ走った。その帰りだ。ようやく商売が終わってほっとしとったのかな。大将と房夫は下の機械場（機関室）で寝とった。大将は目が不自由だしな、房夫も疲れとったんだ。わしも疲れとった。疲れてはおったが、自分じゃその時、わしは目を開いてちゃんと前見とったと思うんじゃ。とにかく舵握っとったんだで。舵持って眠るはずないが、しかしありゃ疲れてやっぱり眠っとったんだな。気がついたら釣り船をひっくり返しとった。びっくりしてまった」

動転した。三人の男たちが海に投げ出されていた。

辛うじて助け上げたが、船に上がってきた男たちはもちろんかんかんに怒っている。そして舵を握っていたのが女だと知ってさらに驚いた。もちろんうめさんたちの方も一層びっくりしていた。

補償などについては後で話し合うことにしたが、こじれれば海難事故扱い、表沙汰になる。

困って山下峰吉さんに相談に行ったら引き受けてくれて、上手に解決してもらって助かった。

無茶といえば無茶、無謀と言えば無謀なことがもう一つある。うめさんは小舟を漕いだことはあっても、エンジンつきの船など一人だけで乗り出したことはない。それがこんな経験をした。

「篠島から魚積んで名古屋へ運ぶことになっとったのに、その日になって運転を頼んどいた男が用事があって、わしの船に『乗れん』ていったことがある。

仕方がないでわしは自分で運転することにした。だがエンジンのかけかたも知らんのだでな。だでエンジンだけかけてもらったな。それでそのままひとりで海へ飛び出いていった」

当時は旧式の焼き玉エンジンでクラッチなどもなかった。舳先を沖へ向け、そのまま船は飛び出していく。エンジンをかけた男は始動すると素早く船から飛び降りていたという。何とも、考えられないようなことである。

釣り船衝突の時にはすでに一応船の操作は知っていたのだろうが、いずれにしても講習などは受けていない。

なんとも無謀なというか、度胸がいいといったらいいのか、こわいもの知らずのうめさんだった。

カンカン部隊

うめさんは「カンカン部隊」と呼ばれた仲間にも加わっていた。魚のかつぎ屋、ヤミ屋である。ヒントは戦前、大将が「まるは」魚屋として豊浜から名古屋へ魚を運んでいたことにある。

朝早く港に荷揚げされる魚を漁師と相対で仕入れる。複雑な符丁も新しい大将に教えてもらった。豊浜で魚が分けてもらえないと、うめさんは師崎や片名まで出かけた。しげ子さんや正夫さんを連れても行った。ブリキの缶に魚と氷をつめると二十貫（七十五キロ）から三十貫（百十三・五キロ）はあった。

「ブリキの缶々を背負うので、カンカン部隊といったな。そんな仲間が豊浜だけで十六、七人もいた。男と女と半々だった。缶はいくつかあってそこに魚を分けて入れたな。重箱みたいな仕組みになっとって段々に重ねる。そうじゃないと魚がくしゃくしゃになっちゃう。

重たかったぜ。それを二つ三つに分けて前と後ろに振り分けにした。さらにかついで両手に持って豊浜から河和まで木炭バスで行く。途中よくエンコしよった。それで気がもめて仕様がなかったな。魚が腐ってまうで」

当時バスは本数も少なくいつも満員だった。ボンネットの前のクランクを手で回してエンジンをかける。木炭をたいて走るバスは馬力がなく、乙方の坂が上りきれなくて動かなくなると女の車掌の誘導で客が下りて押した。道路は舗装してなくて、土煙をあげてバスは走る。順調に走れば二十五分から三十分だった。

「それから名鉄で神宮前まで行った。わしはその乗っとる時間ぼーっとしとった。最初のうちよ。河和から神宮前まで一時間五分かかった。今は特急ならおおかた半分の時間だわな。その頃は各駅停車しかなくてよ。だがそのうち勘考した。この時間はもったいない。座って居眠りしとってはもったいない。そりゃ河和からは始発だでよ。居眠りもできるわさ。

だがわしは違う。わしはこの往復三時間を人と話をすることにした。誰でもいい。誰か話し相手を見つけて話しかける。人の話を聞く。こんな勉強になることはない。だでわしはいつも立っとって、何か話が聞けるような人を見つけるとその人のとこへ寄ってって話しかけた」

金光さんと知りあったのも、電車の中である。

名鉄電車は濃緑色のボギー車だった。床に油が染みこんだ臭いがする。窓は力を入れないとなかなか開かない。もちろんドアは手動である。ひとつひとつの駅に停まる。混むと大変だった。

そのうち名鉄はカンカン部隊のために客車と客車の間にトロッコのような小さな貨車を

連結してくれた。おかげで客に魚臭いといわれなくてすんだ。うめさんたちはカンカンだけそのトロッコに乗せて客車に乗る。

カンカン部隊は師崎や内海からも加わったから多い時は全部で四十人近い。それぞれ縄張りというか、得意先が決まっていて早い人は太田川で下りる。柴田や大江で下りる人もいたが、うめさんはいつも神宮前で下りた。

名古屋は空襲でやられていた。名鉄神宮前の仮普請の駅の前に立つと、栄町（今の栄）までがずうっと見通せた。市電の線路だけが伸びていた。

「ヤミだでよ。警察に捕まると取り上げられる。ただじゃない。公定価格で買いあげられる。わしゃ、なんべんか捕まえられた。後藤って巡査だったな」

神宮前では警察に見つからないように気をつけて、重い荷物をかついで東新町行きの市電に乗る。「きよめ餅」も餅が作れず、雑穀入りのコッペパンを作っていた。これがよく売れていた。うめさんは何度も「神宮前の西べたで（西出口にあった派出所で）魚を取り上げられた」。

警察は公定価格を守ろうとしたが、実際は取締りがあると魚が出まわらず、翌日の「ヤミ値があがる」という皮肉な現象がおきていた。だから捕まえられると大損だが、翌日はいくぶん取り戻せた。取締りが強化されるとうめさんたちカンカン部隊も困ったが、実は魚が手に入らない得意先が一番困った。

モンペにゴム長靴

うめさんは途中の矢場町で下りる。市電は上前津、赤門通りと通って栄町を経て東新町へ行く。モンペに肩当ての綿入れ、ゴム長靴姿だった。そのゴム長靴も底がすり減っている。「まずは乞食よ」とうめさんは当時の自分をいった。

矢場町の停留所からはまっすぐ中公設市場へ行って卸す。九時には市場に入った。市場はあれから二度建てかえられ、改装もしたが、今も盛況である。

それから若宮八幡社へ向かった。

あたりは焼野原にバラックばかりだった。空襲の傷跡は大きく、大きなビルは松坂屋ぐらいのものだった。大須観音も爆撃を受けていた。ただ、今の白川公園あたりに進駐軍の瀟洒な白い宿舎やかまぼこ型の兵舎が集まっていた。その「アメリカ村」は人々の羨望の的だった。

町はアメリカ兵がチューインガムを嚙みながら大股で肩で風を切って行く。鶴舞の公会堂も進駐軍に接収されていた。

若宮八幡社では大須の食堂の経営者たちが待っている。その石段にカンカンを並べてミセをひろげた。

「一楽、水玉、かんとら、寿、浅田食堂……」

うめさんは当時のお得意さんの名を唱えた。話を聞いた時点で四十年余り前のことだったが、しっかり覚えていた。

「かんとらか、まあ死んでしまわれた。うん、あそこに息子さんがおらせたな。だがその人も死なせた」

境内にカンカンを並べると毎日来る人が決まっていた。このお得意さんに疲れたなどとはいっておれない。そのうち贔屓にしてくれる人や店が決まってくる。その人たちとは親しくなって互いに家の話などもした。

仕入れる魚の種類は豊富だった。うめさんは豊浜であがる魚の量は今はあの頃の十分の一か百分の一に過ぎないといった。戦時中、魚が獲れなかった分、戦後伊勢湾に魚はたくさんいたのである。漁師と相対で仕入れたのはアイナメ、マダカ、ハマチ、セイゴ、鯛、コノシロ、メバル、カレイ、蛸、海老、シャコ、ナマコなどであった。

ヤミはいけないといっても、流通機構が充分に機能していなかった。というより、まったく混乱していた。公定価格は鮮度など考慮に入れない。近海ものも冷凍品も値段の区別がなかった。ヤミでもいい物、新鮮な魚がほしいというのは庶民の願いだった。

それだけに直接仕入れて担いで来た魚は人気だった。そしておおかたは売れた。だが商売のことだからカンカンを担いで若宮へ行っても売れ残ることもある。出来るだけ多くと、商売熱心のあまりたくさん仕入れすぎということもある。

売れ残ると、うめさんは名古屋中をカンカンをかついで売ってまわらなくてはならない。早朝から働きだして疲れている。

昼食は中公設市場の中でうどんを食べた。三十円位だった。

行商というのはあてのない商売である。

大須の観音様の前に秤屋があった。ストリップ劇場、映画館、まむし屋、そして境内で大道芸人が芸をみせており、テキ屋がたたき売りをしていた。

ルンペンが屯し、戦災孤児が靴みがきをしている。その傍らをパンパンが進駐軍の兵隊の腕にぶらさがって真っ赤な唇で得意そうに行く。

観音様の本堂も焼け落ちて仮普請だった。その境内で白衣の傷痍軍人がハーモニカで

「異国の丘」を吹き、鉄兜を裏がえしにして金を募っている。

高峰秀子の「銀座カンカン娘」が流行ったのは昭和二十四年、美空ひばりの「東京キッド」は翌年である。

「何度、この魚を川の中へ投げ込んでやろうか、カンカンを道ばたに放り出してやりたいと思ったことかわかりゃ知れん」

うめさんは食堂の裏口や家の玄関で断られて重いカンカンを引きずった時のことを語る。それでも売れ残りを中川運河や堀川に捨てるわけにはいかない。持ち帰って干物にする。重いカンカンをかついで帰る日が何度かあった。

名古屋市内を売り歩く時「自転車が一台あったらなあと思った」とうめさんはいった。豊浜では自転車で走り回っていた。

魚屋になることも再婚も母親のといさんは反対したが、そこは実の親である。自転車を買いたいといったら、金を貸してくれた。名古屋から帰ると三時ごろである。夕方に入港する漁船からまた魚を仕入れて自転車に乗せて豊浜で売って回った。

「勘当だっていわせたけど、わしはちょいちょい親の顔を見に行きよった。それで金を貸してくだれた。『やるんじゃない。貸すんだ。だで十五日ごとでも、月末でも金を返す時にどうやっとるかちゃんと報告に来いっ』ていわせてな。親は心配しとってくだれたんだ。報告を待っとってくだれた。

そいで名古屋でも自転車がほしいと思ったが買えやせん。そしたら自転車貸すところがあった。そいでそこへ行って頼んだら『定期券置いてけっ』ていわれてな」

保証金の代わりに大事な名鉄の定期券を預けるわけにはいかない。仕方なくうめさんは重いカンカンを背負って、また名古屋の町を売り歩いた。

漁協の組合員となる

昭和二十三年、「水産業協同組合法」が制定される。

翌年、従来あった漁業会は解散し、豊浜漁業協同組合が設立された。

うめさんはさっそく入れてもらった。保証人が三人必要だった。これは干物を扱っていた生田屋の植田清一さん、初神神社の神官の沢田米造さんに頼んだ。もう一人はあの兵事係の吉村良太郎さんが引き受けてくれた。これは今もってありがたいとうめさんはいった。

「今、㋩の魚がうまいとか安いとか人がいってくれるが、それはわしんとこが、仲買人の権利を持っとるせいだ。

市場へ入って魚が買える。漁師が舟を豊浜へ着けるやろ。そしたら待っとってその場で仕入れれるんだわ。これほど新鮮なものはないし、他の旅館なんかより安いのは決まっとる。

あの時組合に入れてもらってどんだけ助かっとるかわかりゃせん。今じゃ、そんな簡単に組合の権利なんか分けてもらえんものな」

もはやヤミではない。直接セリに加わることが出来た。仲買人となるについてもごたごたがあったが、それはまたのちに述べる。

豊浜漁協の設立当初の組合員は当時別の組合をつくっていた中洲地区を別にして、正・準合わせて五百十六人だった。

うめさんは結局自分の名義で仲買の正会員として入れてもらっている。

昭和六十三年には、漁業専業と認められる正会員は合併した中洲地区を入れても三百七十八人に減っている。

漁師をやめる人、生物《なま》を扱わず干物や乾物などをあつかう方へかわって仲買人の権利を失う人がいる。だからといって旅館業や料理店が仲買の権利を買うわけにはいかない。漁協はあくまで漁業にたずさわる仲間の組織である。

豊浜は今も漁業は盛んだが、転業もすすんでいる。昔は木綿工場や製網工場があったが、今は町役場近くの山をきりひらいて大規模なプラスチック工業団地が出来ている。それと水産加工業も多い。

豊浜は十五トンから二十トンの漁船が多いが、その船や網、燃料の工面、漁師の確保と頭の痛い問題をかかえるだけではなく、本来後継者である者が名古屋あたりの会社勤めを選んで出ていく。

カンカン部隊はつづけていたが、ついにうめさんは店を持つことになる。「こんな名古屋まで運んで売れんようではあかん。時間も無駄だで店をもたなあかん」と「勘考」した末である。

「土地を貸してやるから店を開け」とすすめてくれた人が現れた。∧キ《やまき》の山本喜一さんだった。実は喜一さんはうめさんが再婚する時の媒酌人もつとめてくれていた。土地の者ではない新しい大将に何かと目をかけてくれていた。

6　㋩誕生

三台の貸し自転車

昭和二十五年五月一日。

豊浜漁港とは国道二四七号線をはさんだだけの表通り、「鳥居」の六十坪（約二百平方メートル）の土地のうち五坪（十六・五平方メートル）を借りた。

新しい大将と「二人力を合わせてやれ」と喜一さんは励ましてくれた。∧キさんはその頃船を持って魚の沖買いをしてなかなか羽振りがよかった。

正一さんも戦死した清松さんとの約束、子供たちを魚屋にする約束を忘れてはいなかった。そのための店である。

五坪の土地に掘ったて小屋を建てた。

店の名を㋩とした。

㋩誕生である。

戦前、正一さんが「まるは」魚屋に勤めていたし、大手の大洋漁業は戦後、南氷洋の捕鯨に乗り出していた。その景気のよさにあやかる気もあった。小さいながらも大洋漁業の支店のような気概もあった。

それにしても「豊浜で魚屋か」と世間の人は笑った。豊浜では一般家庭でも魚は買うものではなかった。親戚か、何らかのつながりでもらうものであった。だから㋩は豊浜での魚屋第一号である。

店は当時は舗装もされていなかったが国道に面しており、豊浜漁港はすぐそば、バス停留所も近い商売にはいい場所だった。

その「鳥居」には今もうめさんの本籍がある。㋩発祥の地である。生家の「新居」からは自転車なら五、六分、ともに須佐湾に面している。

うめさんは五年ほど前までここで寝起きしていた。愛着のある地である。だが当初はほんのバラックで、魚を木箱、トロ箱の上に並べて売っていた。

一方、カンカン部隊もつづけていた。

店のやりくりは主に坂野正一さんがやった。仕入れから魚をさばき、焼く。大将は器用な、なんでも出来る、計算の早い商売人だった。

学校を卒業した長女のしげ子さんが掃除、洗濯など家事一切を引き受けてくれた。親の働く姿を見て子供たちも手伝ってくれる。新制の豊浜中学校に進んだ長男の正夫さんは野球が好きだった。学校の練習で遅くなる時もあったが、店へも出た。

うめさんは開店するとさっそく中古自転車を三台買った。大学出の国家公務員の初任給が五千五百円のころ、新しい車だと一台一万八千円から二万円もした。新しいのは買えなかったが、それでも一台一万五千円はした。それは普通の自転車ではない。運搬車と呼ばれた荷台の大きいがっちりした車である。その後、自転車にエンジンを取り付けたカブやバタバタが現れるまで、荷物運搬用自転車は重要な輸送手段だった。それを店頭に置いた。

「『乗ってって。乗ってって』てわしはいったのよ。銭はいらん。銭はもらわん。わしはなあ、行商して歩いとる時、本当につらいと思った。自転車一台あればなあと思った、だが、誰も貸してくだれん。だから名古屋中、カンカンかついで歩いた。

それでうちへ魚買いにきた人も、そうじゃのうて通りかかっただけの人でも、荷物持っとったり遠くの人には、『どうぞ乗ってってください』といったんじゃ」

うめさんは自分が苦労していたので他の人の気持ちもわかった。善意は思いがけない反響を呼んだ。「ⓗへ寄ったら自転車を貸してくれる」と評判になった。みんなⓗの名前を知ってくれた。思いがけなくⓗの宣伝になった。町内は乗り放題にした。バスを下りた人はそのままⓗに寄って自転車を借りて行った。

〝人に喜ばれることをやれ〟

自転車を借りた人は返しにくると、多くは魚を買ってくれた。そうでなくてもⓗを知ってわざわざ買いに来てくれる人が増えた。思いがけない効果である。豊浜で魚屋が成り立ったのである。

「『自転車はパンクするんじゃ。そしたら子供がいった。おっかあ、何もただで貸さんでもいいじゃないか。貸すのはいいがせめてパンク賃ぐらいもらったらいいじゃないかっ』て。『うちには金がないんだでっ』て。だが、わしは『そんなちっとばかの金なんかもらわんでもいい』といった」

この時うめさんに商売としての目算があったのか、まったくの善意だけだったのかは知らない。多分見通しはあったのだろう。そういう商売の優れた勘をうめさんは持っている。

ただうめさんは自転車で儲けようとしたのではないことだけは確かである。まだ元気だった母親のといさんの「人のありがたがることをやれ。人に喜ばれることをやれ」という言葉を実行したのである。「坂道を行く車があったら押してやれ」とも子供時分からよくいわれた。「身を蠟燭にするのよ。蠟燭は自分の身を削ってまわりを照らす。押してやるとな、押してもらった人はうちへ帰ってからきっとみんなにそのことをいう」。

といさんのいうように善意は宣伝になった。「子供のやったことで親が礼をいわれる。こんなうれしいことはない。だで人に喜ばれることをやれ」とといさんはそうもいった。喜ばれたうえに宣伝にもなる自転車への投資は安いものだった。パンクの修理代などそれに比べると物の数ではない。

「商売っていうものはそんな目先のことばっか考えとっちゃ駄目だ。損せな。その時は損だと思ってもあとでちゃんと返ってくる」

といさんの言葉をうめさんは守っていた。

双子が生まれる

昭和二十六（一九五一）年三月三日、うめさんは男の双子を産む。正一、正治と名づけた。三男の正一は父親と同じ字を書くが、父親は「しょういち」、子供の方は「まさいち」「まさじ」と読む。この二人は「しょういち」さんの坂野の籍に入れた。

本当はここで二人の子供を新たにかかえるのは大変なはずである。だが大変なことを大変と考えないのがうめさんである。

「双子か、そりゃびっくりはしたな。だけど、こりゃいいことだとわしはすぐ考えを変えたがな。普通なら一年たったら一年たつだけだがな。だが双子なら一年で倍だら。毎年倍々だがな。これは楽しみだがね」

双子なら、育てるのに一人の場合の倍の苦労があろう。いやそれ以上かも知れない。だがうめさんは、一年で合わせて二年分子育てすることができる、二年分育つので楽しみだというのである。

頭の切り換えが早い。後ろは振りむかない。マイナスには考えない。常に建設的に物事を考える。いわれてみればその通りで、双子を育てるのは一人の子供を育てるより二倍の楽しみもあろう。だが多くの人は苦労の方に目がいき楽しみを見ようとしない。だが、うめさんはちがう。こうして人生をプラスの方向へ向けていく。事実、のちには双子が㊺を大きく支えた。

とにかくこれで子供は男四人、女二人のあわせて六人になった。それにしても十九歳になっていた長女のしげ子さんが二人のおしめを洗ったり、世話をしてくれたので大いに助かった。

家族は八人、家は新居《あらい》の当時の借家の六畳二間で、家族全員が一緒に住むわけにはいかない。大将は近くに別の家を借りて鳥居の掘ったて小屋の店に通った。

長男の正夫さんは中学校三年になり、翌年は卒業、次女の八重子さんも豊浜小学校の四年生になって何かと役にたった。

若い頃漁師の経験のあるうめさんは、朝四時に起きるのは別に苦ではない。うめさんは子供を産むと一月もしないうちに、またカンカン部隊に加わった。うめさんを待っている人がいるので少々のことでは休めない。大将は体が弱いのでカンカンを背負うわけにはいかない。

実際はこの頃がうめさんの人生の中で一番大変な時期だった。それだけに必死ともいえ、最も生き甲斐があった時かも知れない。

うめさん、四十歳の働き盛りでもあった。小学校の休みの日にはしげ子さんに双子の一人を背負わせて、自分も一人抱いてカンカンを背負って名古屋へも通った。

「もう子供はうちどめにした。それにしてもわしは最近まで紅葉を知らなんだでな。林檎のなっとるとこ見てびっくりこいたわ。それと葡萄のなっとるのな。ああいうふうになっとるとは、わしは七十になるまでちっとも知らなんだ。

それそれ、氷に穴あけて魚釣るやろ。なんていった。ワカサギか。あれを釣るのを見て、これもびっくりこいた」

うめさんは若い頃からを回想して、そういって笑う。小さい時の手伝いから、岡崎の丸三製糸へ出かせぎに行っても仲間と一緒に遊びに行ったことはない。

紅葉は山へ入れば豊浜だってあるが目にはいらなかったのだろう。

㋩魚屋は順風

ワカサギ釣りは半田法人会婦人部の役員に推されてその仲間と初めて諏訪湖へ行った時

に見た。それはずっと後の昭和五十二(一九七七)年のことである。それまでうめさんは年中無休、旅行など出ることはなかった。

時代もそうであった。復興の気配はあったが、朝鮮戦争の前は日曜は休むにしても、中小企業は土曜はもちろん祝日も休まないところが多かった。みな必死に働いていた。㋩魚屋は海が何日も荒れて魚が入らない日だけ休みだった。

ただうめさんは何とかしてきちんとした魚屋になりたい、死んだ大将の遺言通り、子供たちを立派な魚屋に仕立て上げたいという一心だった。

昭和二十五(一九五〇)年六月二十五日、朝鮮半島の北緯三十八度線付近で南北朝鮮軍が全面的な交戦状態に入った。

この戦争は日本経済に特需景気をもたらした。

うめさんが五坪の土地を借りて㋩を開店した直後である。

「ガチャ万」という言葉が生まれていた。織機が「ガチャン」と一回下りると一万円もうかったという。知多木綿の産地である知多半島もその恩恵を受けて経済活動が活発化してきた。

翌年の二十六年にはサンフランシスコで対日平和条約が結ばれ、同時に日米安全保障条約も結ばれる。ＣＢＣなど民間放送も始まり、世の中少し明るくなったかと思われたが、うめさんが通っていた大須では昭和二十七年七月七日、大事件が起こっている。

社会党・帆足計、改進党・宮腰喜助代議士の、当時中共と呼んだ中国と、これまた当時のソヴィエト連邦からの帰国報告演説会が大須球場であった。そこは今は名古屋スポーツセンターとなっている場所で、アルベールビル・オリンピック銀メダルの伊藤みどり選手はじめ安藤美姫、浅田真央選手らが練習したスケート場が建っている。

演説会終了後の午後六時半、左翼の活動を抑える破壊活動防止法制定に反対する人々五千人が集っていて、そのうち千五百人がデモ隊と警官隊と衝突した。車五台も炎上し、まるで市街戦のようになった。

翌日は火曜日だった。若宮八幡社からは少し離れていたが、何となく落ち着かない雰囲気が漂っていた。警官の姿が目立った。

うめさんも疲れていた。最初の結婚以来、病気で寝込んだことは一度もない。朝早く魚を仕入れ、カンカンに入れて二時間かかって名古屋まで出て来ていた。午後三時に帰って、店を手伝い翌日の準備をする。

このままでいいのかなという気がうめさんはしていた。子供はどんどん大きくなる。

突然の立ち退き請求

すると昭和二十七年の年末、十二月二十七日、うめさんにとってとんでもないことが起こった。

新居の在所の庭に親戚が集まって正月用の餅をついていた。

そこへ五坪の(は)魚屋の地主の山本喜一さんがやって来た。喜一さんは最初何もいわず、みんなが交替で杵を振り上げるのを煙草を吸いながら見ていた。

そのうち一段落するとうめさんを呼んだ。国道沿いの店に一緒に戻った。喜一さんがいう。

「この土地、売ることになったで、退《の》いてくれんかな」

意味がわからない。喜一さんはつづけていう。

「弁護士の小林という人がわしのところへ、ここの土地を売ってくれといってござったで売ることにした」

うめさんは気が動転した。

「場所もいいし、ほしいという人は今までもいたが、これまでは売らずにおった。だがどうしてもほしいといわれるでな」

六十坪のうちの五坪を借りて商売をしている。自転車を置いて以来、売上げは順調にのびていた。ようやく店の名も知られてきた。今更あけよといわれても行くところがない。

喜一さんは六十坪をまとめて小林さんに売ると約束していた。それには掘ったて小屋は邪魔だった。店を閉めてくれというのである。喜一さんは恩人でもある。逆らうわけにもいかない。

話し合ううちに喜一さんが妥協案を出した。

「そりゃな、うめさんに買ってもらうのがわしも一番いいと思っとる。でも金がないと思うでな。それでも何とかしてお前が買うというなら、三日間だけ待ってやる」

うめさんにとってありがたくもあったが、喜一さんのいう通り金策のあてはない。鳥羽や尾鷲へ船を出した時の借金は運転資金で、借りてもすぐ返す目処があった。だが今度は土地購入資金で金儲けの資金ではない。船で「沖買い」という、漁船の獲物をそっくり買いあげるという大きな商売をしていた喜一さんも少し商売の調子が悪くなって来ていたらしい。

うめさんは六十坪（二百平方メートル）の代金として五十万円を年内に納めなければ、追い出される。ヤミで魚を仕入れる時も現金を持って行ってその場で気前よく払う人はいい魚が買えた。ところがうめさんはいつも金がなく後まわしにされて悔しい思いをしてきた。漁協の会員になっても自転車操業は変わらない。

カンカンを担いでの売上げは一日五千円から七千円くらいにはなったが、それはすぐ次の日の仕入れの資金となる。

大将に相談すると「買え」という。商売はうまいが、それほど欲のない大将で、「のんびり暮らせればそれでいい」といつもいう正一さんである。それが今度だけは「農協へ行って借りよ」といった。せっかく二人で築きあげてきた店がなくなっては大変だ。

農業協同組合も漁協と同様、昭和二十二年に戦時機構であった農業会から脱皮して新しく設置されていた。申し込めば資金の貸付をしてくれるとは聞いていたが、そんな借金などしたことがない。

保証人探し

もう移転したが、当時の東海銀行豊浜支店のそばにあった豊浜農業協同組合へうめさんは出かけた。

「わしはな、農協へ行くことは行った。だがそんなところで土地を買う金なんか借りるなんて考えたこともなかった。だでどうしたらいいかわからん。とにかく三日の間に五十万円つくらな店を取られてしまう。そのことだけを考えとった。

そしたら係の人が『土地をもってきたら金を貸してやる』といわれた。土地を持ってくるとか抵当とかいうことはわしにはどういうことかちっともわからなんだ。なにせ、清松さと結婚以来ずうっと借家に住んどったのだで、抵当なんてことは知りゃせん。ところが『三十万円は土地を抵当にして、残りの二十万円は資金貸付として貸してやる』といわっせる。

わしはこの時初めて抵当ということを知った。土地を持っとれば金が借りれることを知った。『だがいずれにしろハンコがいる』といわれた」

ハンコとは連帯保証人の印鑑である。そんな大金を借りる保証人のあてなどない。とにかく父・安吉さんの弟、新家の石黒兼吉さんのところへ出かけた。新しい大将はこんな時地元の人間ではないので信用がない。

『とんびが鷹を生むようなことは考えるな』といわれた。『買うなら買う土地や屋敷を抵当に入れて買え。借りに来る暇があったら働け』とこう三ついわれた」

うめさんは兼吉さんに断られた言葉を覚えている。兼吉さんはかつて九州へ船を出していた。

ほかの親戚も貸してくれない。そういわれるのも仕方がなかった。清松さんが最初の召集を受けてから何度もきょうだいたちに迷惑をかけていた。「うめが来た」「また、うめがくる」といわれていた。それも身から出た錆であった。

こうなれば実家へ泣きつくより仕方がないが、母親のといさんは終始「金は借りるな」といっていたので行っても駄目だと思った。あのうめさんの結婚前後に千代さんの旦那さんの春一さんの保証人になって苦労したので当然だった。

日は迫った。あと半日になった。うめさんは狭い店で泣いていた。㋩魚屋もこれでおしまい、金の工面がどうしてもできない。

救いの神

その時店先に二人の男が立った。町長の相川筆吉さんと吉村良太郎さんである。兵事係だった吉村さんは助役になっていた。二人は名古屋へ出かけるので土産の魚を買いにきたのだ。町の用事だった。翌朝までに魚を用意するように頼まれた。それから泣いているうめさんを見て吉村さんが「どうした」と声をかけてきた。うめさんは事情を話した。

「吉村良太郎さんが、『よし、わしがハンコを押してやる』といわせた。吉村さんは戦争中、出征軍人の家を助けてござった。畑の仕事の手伝いに勤労動員の人を派遣してくだれて留守家族に学用品やなんかを配る仕事もしてござった。その吉村さんが『お前が正直者で働き者であることは戦時中の様子でよく知っている』といってくだれた。兵事係をしていた吉村さんはわしがいつも慰問袋をつくったり、軍隊の様子をよう聞きに行ったので、わしを知っとってくだれた。約束や期日は守ることにしとった。それがよかった。

信用、これほどありがたいものはない。信用は大事だと思った。それまで嘘つかずにやってきて本当によかったと思った。わしはこんな嬉しいことはなかった。

書類にハンコを押してもらった。この時ほど嬉しいことはなかった。

だがハンコはもう二ついる。町長は押してくれやせん。わしのことをよう知らなんだので仕方がない。良太郎さんが初神の沢田米造さんに頼んでくだれた。するとこの人が押してくだれた。これでハンコは二つ押してもらえた」

沢田さんも以前漁協へ入る時にもハンコを押してくれた恩人ともいうべき人だった。うめさんは二人を肝に銘じ感謝している。

だがそれでももう一つハンコが足りない。叔父にはすでに断られている。実家へ行くより仕方がない。だが再婚の時「勘当」といわれている。とはいえ、親子のことだからどうしても困った時は母親に泣きついて子供の面倒を見てもらい、「勘当」自体はいつのまにか解けた状態にはなっていた。自転車の金を返す名目で、毎月商売の様子の報告にも行っていた。

㊡魚屋開店後は「やるんならやれ。しっかりやれ、自分のやりたいことを存分にやれ。だが人に後ろ指さされるようなことは絶対やるな」「勘考して働け」という励ましも受けていた。だが多額の借金の保証人にはなってくれまい。

さんざん思案したが、他に方法はない。日は迫る。うめさんは養子の忠夫さんの留守をねらって実家へ行った。

母親のといさんは当時は数え年なので七十八歳、正月を迎えると七十九歳になるが元気だった。

「(母) 親はなあ、『ハンコなんか押せん』といわした。わしの思った通りだった。『うめ、わしはお前の困っとることがようわかる。だがハンコなんてものはそう滅多に押すものじゃないこともお前、解っとるじゃろう。押してやりたいことはやりたいが、養子にいったらあかんといわれることは目に見えとる、だで押すことは出来ん』とこういわせた。親はわしの膝をかかえて泣いてござった」

「わしはどう仕様かしらんと思った。三十一日には店を明け渡さなならん。ハンコは二つはもらった。そいでハンコを押した書類を親に見せた。そしたら親はじっと紙を見ていなさった。そして『他人がハンコを押したものを親のわしが押さんわけにはいかん。仏壇の下の引き出しにハンコが入っとることをわしは知っとる。だでわしが養子に内緒で押してやる。

だが借金というものはどういうものか、保証人になるということがどういうことか、うめ、よう知っとるだろう』といって、ハンコを押してくだれた。『もしおまえがこの金をきちんと返さなんだら、このハンコを押してくれた三人の首を切ってしまうことになる』といわせた。(母)親はそいで養子に内緒でハンコを押してくだれた。

親というものはどんなにありがたいものか知れん」

四百二十匁《もんめ》の札束

書類が整ったのは約束の期日ぎりぎりの三十日だった。

うめさんは山本喜一さんにそれを伝えに行った。農協は年末年始の休みに入っていたので、金は下りない。だが喜一さんは書類を見て、「小林弁護士に売るのはやめた」といってくれた。

五十万円が実際にうめさんに渡ったのは明けて昭和二十八年の正月半ばである。

農協で借りた金をうめさんは大事に風呂敷に包んで新居の借家へ持って帰った。

すでに昭和二十五年の一月、千円札は出ていたが一般には行き渡っていなかった。受け取ったのは表が聖徳太子、裏が法隆寺夢殿の図柄の赤い大判の百円札だった。風呂敷に包むと重箱をつつんだほど嵩《かさ》があった。

「あんまり嵩があるので、正夫が『計ってみよう』というで、目方をみたら四百二十匁あった」

四百二十匁とは一キロ五百グラムほどである。ずっしりと重いが同時に毎月三万円ずつ返さなければならない責務も重かった。お盆にのせると一杯になる五十万円の返却が出来るかどうか心もとない。母親からは期日を守って返すことをきつくいわれたが、そうでなくてもうめさんはどうしてもこの金をきちんきちんと返していこうと心に決めていた。

早速山本喜一さんの家へ持って行った。

必死に生きる姿を見せる

長男の正夫さんは昭和二十七年春、豊浜中学校を卒業している。

しげ子さんと二人店の仕事を手伝ってくれていた。

新制高校は昭和二十三年に発足している。戦前からあった内海町立内海高等裁縫女学校が昭和二十四年春から県立半田高等学校内海分校となっていた。豊浜寄りの国道の上の場所に立っていた。

「わしは誠治らに聞いた。『あんちゃんたちは働いてわしらを助けてくれちょる。うちはこんだけの借金がある。これをきちんと返していかなならん。死んだ大将（清松さん）の遺言でお前らを立派な魚屋さんにしようと思ってこれまでやってきたが、お前らはどうだっ』て。

そしたら、誠治は『おれも学校へは行かんでもええ』といった。『おれたちゃ、学校へ行かんが、立派な魚屋さんになる。立派な魚屋に育ててくれ、仕込んでくれ』といってくれた。『学校は行かん。休みもいらん。小遣いはいる時にもらえばいい』とこういってくれた。わしが一生懸命働いとる姿を子供らは見とってくれたんだな。だでうちの子はみんな学校へ行かんで魚屋やっとる。今もみんな、嫁さんまで一緒に㋩で働いてくれちょる」

実際うめさんの教育は身をもって実行して見せることにある。どうやら丸暗記主義、頭に詰め込む教育とはちがう。人間の生き方を身をもって教えることにあるようだ。

うめさんは口癖に「子供を叱ったらあかん」という。「子供を叱れば必ず反抗する」ともいう。特に思春期、自我の確立されるころ、子供は親に反抗して育つ。それを六人の子供を育てたうめさんは十分に知っている。そしてまた反抗する子供も、実は内心親の心がわかっていることもうめさんは見透かしている。迷っている子供に正しい示唆を与えるのが親の務めだということも知っていたようだ。

「今でもわしは朝五時には起きる。鳥居の事務所からわしは自転車で新館へ来る。十分ほどだ。最近は年をとったで、昼寝することはあるが、早起きはかかさせん。わしが早く起きて店へ来ると、子供たちもおっかあがあんなに早う起きてやっとるのに、おれたちが怠けとったらあかんと思ってわしについいて来てくれちょる」

八十二歳のうめさんはそういった。それがわかる子供たちも、本当の意味で賢いといえる。親と子の信頼がⓗを支えている。

うめさんは自分の姿を子供に見せて生きて来た。うめさんは子供たちにも世間にも必死に生きる姿を、てれも見栄もなく見せてきた。それは母親のといさんがしてきたことを、うめさんもやっているということである。

「親の姿を見て、子供は育つでな」

折に触れてうめさんがいう口癖である。それはそのままうめさんの信条である。

7　この手で道をひらく

みかん畑が買えない

昭和二十八年九月二十五日、台風十三号が豊浜を襲う。

海沿いの豊浜は、そして漁業の町・豊浜はことさら天候には敏感だ。強い風が夕方から吹き荒れ、名鉄電車はとまった。魚を仕入れることも名古屋へ行くことも出来なかった。

台風接近時と満潮が重なり海沿いの被害が特に大きかった。南知多町では死者一名、家屋の流失全壊二百十六戸、半壊三百八戸、床上浸水千二百九十戸、床下浸水千六百四十一戸の被害が出た。南知多町の所帯数は当時五千八百戸足らずであるから、その他の損傷も加えると町民の大半が何らかの被害をこうむったことになる。事実のちの伊勢湾台風よりも豊浜では被害が大きかった。

もちろんうめさんの㊩魚屋も被害を受けた。夜は留守番のために狭い店にトロ箱を並べて、その上に板を並べて寝ていた。気がついたら「星が見えるだろ。わしゃびっくりこいてまった」というのは、トタン屋根が吹き飛ばされていたのだった。

といって掘ったて小屋のことだから、こういう場合被害といっても大したことはない。すぐ修理ができた。

昭和二十九年になると名古屋もだいぶん変わってくる。現在の三越名古屋栄店の前身、オリエンタル中村が二月に三階建てで開店した。栄町に日に日に伸びていた日本一の高さ、百九十メートルのテレビ塔が六月十九日竣工した。

つづいて十二月一日、駅前に名鉄百貨店がオープンする。

カンカン部隊はまだつづけていた。

その日、名古屋からの帰りの電車でシートに腰をおろして、いつもに似合わずうとうととしていたうめさんははっと目を覚ました。こんなことではいけないと思った。毎日の仕事の疲れがたまって居眠りしていたが、母親のといさんがいつも「ただ働くのは豚と一緒だ」といっていたのを思い出した。「工面せなあかん、働くなら勘考して働け」といった。それを思い出した。

昼下がりの電車はすいている。太田川の駅で見知った人が乗りこんでくるのを見つけた。「電車での往復の時間はわしにはもったいなくて仕方がなかった。だでいつも誰かの話を聞くことにしとった。人に話を聞くことぐらいただで勉強になることはない。その時もわしはその人の隣へ移った。大高の杉本という人だった。不動産屋だな。

わしは『どこへ行かっしゃる』と聞いた。そしたら『内海へ行く』といわれる。『内海へ何しに行かっしゃる』と聞いた。『みかん畑を買いに行く』といわれた。

わしはその時、これだなと思った。山本喜一さんから鳥居の土地を買った時、農協へその土地を抵当に入れた。土地があれば抵当に入れれる。それなら抵当に入れてまた土地を買えばいい。それがわしの頭から離れなんだ。

それでわしは『わしも畑がほしい、買いたい』といった。すると『お前は駄目だ』といわれる。『屋敷の土地と山は買えるが畑は駄目だ』といわれる。そこでまた『なぜ駄目だっ』て聞いた。すると『お前は百姓じゃないから駄目だ』といわれた。

わしは百姓だ。半分百姓で半分魚屋で、漁師もやっている。ところが杉本さんは『それは百姓ではない』といわれる。『今は農地法で、自分で百姓をやっとるという証明がないと農地は買えん』といわれた」

戦後の農地改革で小作や年貢が禁止されたのである。全て自作農になった。だから百姓であれば農地が買えるが、百姓でない者は農地は買えない。

「それでもわしは土地がほしいと思ったで『どうしたらいいな』と杉本さんに聞いた。そしたら『土地を借りて百姓になれ。そして農協へ登録をせよ』といわれた」

それで実家へ行って母親に頼んだ。するといさんは即座に三反（三十アール）の田を貸してくれた。田地、田畑を実家の石黒家はもともと持っていた。そして実は広い田畑を養子とともに持ちあぐねていたのだった。といさんも年をとって自分で管理出来なかった。年貢の取れなくなった田は負担だったのだろう。おかげで長男の正夫さんの名義で登記が出来、豊浜農協の組合員にしてもらうことができた。百姓の実績もあったし前年の借金もあったので容易に認められた。

人より一割高く土地を買う

これで漁協と農協の両方の組合員になった。当時の農協組合長は石黒兼長さん、理事は山本光秀さん、山下幸三さん。この人たちの名前もうめさんは忘れない。これらの人に農協へ入る際保証人になってもらったからだ。

こうして農地も手に入れた。さらに土地を買った。

「土地だけではないが、魚でもわしは人よりは一割は近く買うことにしとった。それは自分で勘考した。損して得とれよ。一割高く買うという評判がたつと苦労せんでもむこうからいいものをもってきてくだれる。それをちょっとでも安く買おうと思うと、その時は得したような気になるが、あかんのだ。

土地の場合は買おうと思っても買いに行くわけにはいかんやろ。人の財産は買いには行けん。だで話を持って来てもらわなならん。そして持って来てくだれたらわしは時価より高く買った。大事な財産だでな。

世間で『千円』といったら千百円出す。『坪二千円』といったら二千二百円出した。そしたら次々とわしのとこへいい話をもってきてくれるようになった。『㋩へ売ろう』という人が出てきた。そうなったら今度は選べる。いいところが選べるんだ。ちょっと高く買えば、売り手が現れて、ちょっとも苦労せんでもいい土地を持ってきてくれる。

わしはその時はもう抵当ということを知っとった。だから持ってきた土地の中でいい所を選んでその土地を抵当にわしは買った。みんな借金で買った。信用で買った。

人が話を持ってきてくれたでこそ買えた。そうだろう、人が教えてくれたで買えた。杉本さんに教えてもらったで買うことを覚えた。そりゃ持って来た話、全部が全部は買えん。それで気にいらんところは断るんだわさ。

だが断る時もただ断っては駄目だ。もう二度と話を持ってこん。だで断る時は酒の一升も渡して断った。『またいい話があったらもってきてちょう』と頼んで断る。そうするとな、またいい話を持ってきてくれる」


今、ドライブイン・美里がある土地もそのころ買った。当時は山の中でとても住めるようなところではない畑であったが、今では南知多道路の豊丘・豊浜インターを出るとすぐである。

この道路は名古屋から半田までをもとの日本道路公団が、半田から南を愛知県が建設し、昭和四十五年から順次開通し昭和四十六年七月十五日に全線完成した。今は全線愛知県道路公社の運営となっている。

豊浜は空気がうまい

抵当を利用して昭和三十二（一九五七）年には現在「㋩食堂旅館南知多豊浜本店」のある土地、三百二十坪（千五十六平方メートル）を買った。その後買い足して千五百坪（約五千平方メートル）になった。当初は坪七千円だった。

この土地の話も最初、榊原種男さんから聞いた。堀江又吉さんが「七千円で売りたい」といっているが「なかなか売れない」という。それもそのはず、今でこそ㋩が建って海べりのいい所だが、当時は何ということもない「荒磯」に面した整地もしていない雑草が茂り、風ばかりの強い土地であった。そこで値段が下がって五千円とか六千円ということを聞いて、うめさんは大将が自分の名義で買えということもあって七千円で買った。

相手の堀江さんがよろこんで以後㋩のファンになったのは当然である。大将はいずれここに大きな物を建てようと思っていたし、その後町が堤防をつくった。

最初から投資ということではうめさんは土地を買わない。そんな山っ気はうめさんにはない。自分の夢を実現するために、将来構想の一環として買う。それがたまたま土地ブームで値上がりした。いくらかの勘と、情報集めが決断させたのかも知れない。しかしいつのまにか時流に乗っていた。

抵当のありがたみを知ったうめさんは買った土地を抵当にしてつぎつぎと土地を買う。戦争を経験してどんなにお金の価値が信用できないものであるかを知っていたからである。

自分を信用する。最後に頼るのは自身だけだということを知っていたからかも知れない。後に処分したが名古屋の土地も買った。大将のいとこの長谷川新一さんが伊勢で真珠のカゴ（養殖真珠のあこや貝を海中に沈めるためのものであろう）で失敗して買ってくれというので西区に買った。

こうした頼まれて買った土地もある。それらは買う土地を抵当に入れて農協から借り、みな即座に現金で支払った。最初に六十坪を買った時、五十万円を積み上げたようにいつも現金を売り手の目の前に積み上げた。

今、豊浜は土地不足である。特に海岸端のいい場所はとても高くて手が出ない。しかしその時買った土地に立つ建物が、のちには㊟の営業の中心になった。そしてバブルを経たとはいえ、今でもいい土地は高い。

「土地がないし、高くなったでみんな豊浜から出てく。河和とかあっちの方へ行ってしまう。だが何といっても豊浜がいい。第一空気がちがう。ここの空気はうまい」

たしかにうめさんのいう通りだ。買った土地の一部は今も海の底だという。堤防を作った時、その外になってしまったが、残った土地が今、大いに働いている。それにしても海の中にも土地がある。所有権があると考えると気持ちよかろう。

札が裏返される

「信用は大事だでよ。今日の㊟があるのは信用だでよ。だでわしはどんなことがあっても金はきちんと払った。

だがどうしても払えんことがあった。借りた金をきちんと払うには魚の売上から払わなならん。そして漁協には仕入れた魚の代金をきちんと払わなならん。それが仕入れた魚が売れなんだ時がある。売れんのじゃなかった。三十貫（百十二キロ）の魚をかついで大須へ持って行った。そしたら市場の主人がいなかったんだ。

魚は置いたがその市場の高松さんていう人が、親が死んで豊橋へ行って『三日間帰って来ん』という。店の者がそういうんだ。金はもらえん。金は払わなならん。漁協へはその日のうちに金を入れんと札を裏返されてしまう。札を裏返された者は金を払わんかったわけだから、もう相手にされん。仕入れも仲買も出来やせん」

当時の漁協は出入りの仲買人の名札を事務所に掲げていた。当日支払いの出来なかった者の札は裏返す。それは仲買人として恥ずかしいだけではなくその資格を失うことも意味した。

「わしはいっそのこと『内金だけでもくれ』と店の者にいおうかと思った。でも商売というものは駆け引きがある。金を持っとらんと見られると足元をみられる。ないことをお得意さんにみられたり、お得意さんから金を借りたりしたらあかん。

それだでわしは『三日や四日ぐらいは金はええよ』といって魚だけ置いて帰った。だが家へ帰ったって金はない。帰りの電車の中でいっくら考えたって金のあてはなかった。

河和で電車を降りてバスに乗る。それでもあてはない。

思わず矢梨で降りとった。そして朝鮮部落へ借りにいった。山の中のな。あの金光さんとこへ」

金光さんは矢梨に住んでいた。前にも書いたようにこの人からドブロクや飴を仕入れ鳥羽へ運んで売ったりしていた。いわばヤミ仲間だった。

「三万円借りたかったわしは遠慮して『二万円貸してくれ』といった。すると金光さんはすぐと二万出してくれた。あんまり簡単に出いてくれたで、わしは『三万円』といゃあよかったと思った覚えがある。わしは困った。札、裏返されると思った。矢梨というのは河和のこっちよ。

だがとにかく漁協へその二万円持ってって事情を話いた。そしたら山下峰吉さんが漁協の組合長になっとって、あの人が許いてくれた。前に釣り船の時も助けてくだれた。ありがたかった。

これも信用だな。わしがそれまできちんきちんと支払っとったのと、二万円でも持ってったからだ。何も持たずに行って頼んでも駄目だぜ。事情をよく話して誠意をつくしたからこそ相手もわかってくれたんだ。とにかくこんなうれしいことはなかった。

あるだけの金を全部出したで相手がわかってくれた。信用してくだれた。最初から三万円払えんから駄目だと思って行っとらなんだら今日の㊫はない」

山下峰吉さんは後に町長になった。

農協もうめさんを信用してくれた。

「金がない時に農協はよう面倒みてくれた。どうしても金がいる時、最初のうちは『営業時間が終わってしまった』とか、『ハンコがあかん』とかいいよったが、わしが土地を抵当にして借りた金をきちんきちんと払ううちに、『ああ、うめさんならいいよっ』ていってくれるようになった。

店の表戸を閉めてからでも、わしは頼んだ。休みの日でもなんとかしてくれたことがいっぺんや二へんではない。ありがたいこった。だでわしの金はみんな農協だ。今でも時間があると農協へ行って遊んでくるが、金のことはみんな農協一本だ」

義理堅いうめさんの金庫は農協である。

苦労はつづいたが、とにかく信用を元手に仕事は順調にすすんだ。

〝出世したのはシャコとうめさん〟

五坪（十六・五平方メートル）の魚屋からはじまった掘ったて小屋の㋩を昭和三十年に

木造二階建てにした。二年前に買った六十坪に、建坪二十坪（六十六平方メートル）のコールタールを塗った黒板壁に連子窓の建物をたてた。うめさんの覚えでは建設費は二十七万円だった。この時㋩は本格的に営業を始めた。もちろんまだ魚屋としてである。

その年、長女のしげ子さんが漁師の余呉豊彦さんと結婚する。飯炊き、洗濯から、うめさんに代わって名古屋へカンカンを背負って行くようになっていたしげ子さんは、その後も店の手伝いに来てくれた。

新しい二階建ての店が出来るまでは六十坪の土地にあった古い倉庫でうめさんは寝起きをしていた。

土地を買った時ついてきたもので、水をよく使う魚などを置くために床にコンクリートがはってあった。半分をそのまま倉庫として使い氷冷蔵庫を置き、のこり半分に板を張って生活していた。

そろそろマイカー時代に入る頃であった。

店に魚を買いに来た客の中でその場で魚が食べたいという人がいる。そういう人には大将が刺し身を切って出した。焼き魚、蟹を茹《ゆ》でて出した。望む人には飯をよそって食べさせた。

うめさんは漬物を出した。自分の畑でとった大根の漬物である。大きい丼に入れて出し、食べ放題にした。自家製の漬物の代金なんかは取らない。そのうち頼まれて酒を出す。酒は一升瓶のまま出した。面倒臭いというのではない。

「客が喜ぶことをせなあかん」、うめさんは商売のこつはこれだという。

外食時代、グルメ時代がようやく芽を出しかけていた。というより人間の欲望の中に新鮮でおいしいものが食べたいというのはいつの時代もある。それにうめさんは素直に従った。

「『人の言うこと』って書いてみゃあ、どんな字になる。そう『儲《もうけ》』という字になるだろ」というつめさんは人の言葉を素直に聞き、それを商売に生かす法を苦労の中から身につけていたと思われる。

「酒の持ち込みはただ。

最初のうちは注文する客にも徳利なんて使わせなんだ。瓶のまま出して飲んでもらった。飲んだら飲んだだけ代金をもらう。そうよ、初めは物差しで計ってな。そのうち目分量になった。それは評判がよかったけど、客から水がはいっとると文句が出て、これは今はやめてまった。客がわるいんじゃない。手をぬいたわしがあかんのだ」

昭和 30 年に念願の 2 階建ての店ができた（昭和 40 年頃）　＊

当時の店内風景　＊

うめさんは笑った。飲んだ分の代わりに水をいれた横着者がいた。以後もこれに類する失敗はある。よかれと思ったことが客の思いがけない対応で複雑になる。だがそんな時うめさんは何の弁明もしない。ただ頭を下げる。客あっての商売だと思っていた。

目分量も当時を知っている人は「あのころ、うめさんは一升瓶持って来てテーブルにどんと置いてな、『飲みたいだけ飲まっしゃいっ』といって、勘定になるとなあに計りもせん。七合ぐらい減っとっても、うめさんは『五合っ』といってな、そんだけしか金を取らせん。それでみんないっぺんに㋩が気にいって、何かあると『㋩』、『㋩へ行こっ』てことになった。

㋩は地元で人気がある。「地元でいいってことは、事情を一番知っとるもんがいいっていうんだから確かだわな。豊浜にはいくつか活魚料理食わせる店もできたけど、うめさんは今みたいに大きくなっても、出世してもちっとも威張らっせんでええに」と人々はいう。

昔は捨てるほどあったシャコが値上がりしたのとかけて「豊浜で出世したのはシャコとうめさんだけだな」といって地元の人は笑う。

「熊手商法よ。何でもみんなかいてまおうと思うといかん。こぼしておかな。指の間からこぼれるようにしとかな。そうでないと種が切れてしまう。種を残しとかな」

うめさんは、よく働いた手を出して熊手の形にして話した。

漁師だったうめさんは海の資源の大切さを知っている。

漁師は禁漁区を設定し、漁獲期を決めてそのルールを守る。密漁して全て獲ってしまってあとには何も残さないと、そのつけはまわってくる。

高く買って安く売る

狭い豊浜だけで人生の大半を過ごしてきたうめさんだが、この考えは世界に通用する。自分の利益のためにも、全部をとり尽くさないというのは国際関係、通商貿易問題にも通じる。相手の国の市場を席巻してしまっては、相手の産業までも根元から奪っては何にもならない。結局は自らをも滅ぼすことになる。

「蠟燭はわが身を削ってまわりを照らす」とうめさんはといさんの言葉をくり返したが「その照り返しは大きい」。

社会は個人であろうと国際関係であろうと相手があってこそ、相手の繁栄があってこそということをうめさんは知っている。

うめさんも人の恩を受けた。困った時の吉村良太郎さん、山本喜一さん、山下峰吉さんたちだ。それを今度は客に、多くの人に還元しようというところがうめさんにはある。

　狭い豊浜にいるけれども、うめさんは自分の世界を広げようと努力した。努力もあるが持ち前の性分かも知れない。

「ちょっと暇があるとよ、わしは出かけるんじゃ、役場へ。うん漁協のこともあるし農協へ行くこともある。話を聞きに行く。

　人の話に無駄なものはひとつもない。わしはどこへでも出かけてくよ。それとわしは小さい時から大きい者とつきあった。小さい者とはつきあわせん。

　株のこともそうやって上床さん、医者の上床さんのおばさんに教えてもらった。そりゃ大須へ行った帰りに株屋へ寄ったこともあるし、そのうちむこうから来るようになったんじゃ」

「㊫食堂旅館南知多豊浜本店」新館の玄関を入るとすぐ左手に緑色の公衆電話があった。その上に「菠」「薐」「草」と書いた紙が以前ははってあった。多分うめさんの信心しているお経の文句だが、それにルビがうってあって「ホーレンソー」と読ませていた。そしてその下に「菠」……報告、「薐」……連絡、「草」……相談と書いてあった。

　情報というものの大切さをうめさんは知っていた。いろんな人とつきあっていろんな情報を得る。それはカンカン部隊で名古屋へ通う電車の中で時間を無駄にしなかった精神である。

杉本不動産から受けた情報を生かしたのである。

「高いものを買って安く売る」

うめさんはそんなわけのわからないこともいった。これも他人より高く買えばいい品が手に入るということである。いい品は客に喜ばれる。そうしてできるだけ安く売れば多くの客が来てくれて、利益は薄くても商売が繁盛するということだ。土地を買う時もそうだった。そして結果、自分のほしい一番いい所を手に入れた。それは高くても一番安かったことになる。

昭和三十二年には食堂として申請し、保健所の検査を受けるようになった。

うめさんと大将こと坂野正一さん
（昭和40年頃）　＊

うめさんは風呂のサービスもした。魚を入れるトロ箱を燃料にした。元手はいらない。どうせ捨てる箱だ。しかしトロ箱を燃やした火で温めた風呂は喜ばれた。

「『入ってき、入ってき』というとみんな喜んでくれた。おいしい魚を食べて酒を飲んで、風呂へただで入れば眠くなる道理だ。『泊めてくれっ』ていう客が出る。『よっしゃ泊まってけっ』ていった。客が頼むんだでそれには応えなならん。客に喜んでもらうのが商売だでな」

うめさんのきっぷのよさだ。頼まれると断れない。最初は小規模だったが、いつか泊まり客が目立つようになった。

評判が口コミで広がった。繁盛をやっかむ者が告げ口したのか、警察官が来た。やってきたのは半田署の只越さんである。「食堂が許可も受けず風呂へ入れたり、人を泊めたりはいけない」という。

叱られたはずの只越さんとうめさんはその後付きあった。叱られ注意され、始末書を書かされたはずだが、うめさんは誰とでもすぐ親しくなるという特技も持ちあわせている。飾らない、素直なところが多くの人の輪をつくる。

旅館営業

伊勢湾台風が襲ったのは昭和三十四年九月二十六日だった。その日いったんは風が弱まったかに見えたが、夕方潮岬西方に上陸すると奈良・三重県境から本土を縦断し、名古屋の北を突っ走った。超大型で名古屋気象台の観測では気圧九百四十二ミリバール、瞬間最大風速五十メートル、名古屋港における高潮三・五メートル、それに二、三メートルの高波が押し寄せた。死者、行方不明者は全部で五千九十八人に及んだ。

豊浜でも死者三名、家屋の全壊・流出五十七戸、半壊百五戸、床上浸水二百九十六戸、床下浸水三百五十戸の被害だった。豊浜港も大きな被害を受けた。流木が押し寄せ漁船が打ち上げられた。幾日も漁など出来なかった。十三号と二度の台風で知多半島の海岸線はすっかり変わった。

㋩も被害を受けた。十三号台風の時は掘ったて小屋だったが、今回は一応二階建ての店だ。瓦が飛んだ。水が庭に押し寄せ缶がぷかぷか浮いていた。店の位置はちょっと高くて、幸い浸水などという被害はなかった。

しかし魚の売買はできない。そんな日が一週間つづいた。電車も動かない。その頃はうめさんの代わりに大須へは長男の正夫さんが通っていたが、行けなかった。わずかに海草をひろったり貝を採るだけの日が幾日かつづいた。

伊勢湾台風のあと昭和三十五（一九六〇）年には従来の二階建ての前にもう一棟建てた。そして昭和三十六年、㋩は「季節旅館」の看板をあげた。季節旅館は、営業する季節ごとに半田にある県の知多事務所で認可を受ける。春夏秋冬、各季三千円だった。まもなく五千円払って通年の「旅館」の認可を受けた。

四十年には最初の建物の奥にもう一軒建てた。

その後、駐車場が必要になって、三十五年に建てた建物は取り壊した。だから今、国道沿いに見える黒い二階建てが創業時の店である。

㋩は順調に大きくなっているが、三十六年には母親のといさんが胃癌でなくなった。八十七歳だった。葬式の様子をうめさんはこう語る。

「わしは本当に悲しかった。つくづく、火の用心と親孝行は灰になる前にせにゃいかんと思った」

この「火の用心と親孝行は灰になる前にせよ」というのもといさんの教えだが、うめさんにとってはといさんは母親であるのはもちろん生涯最良の先生だった。うめさんの心の中に今もといさんが生きている。

うめさんは「親の教えとなすびのへたは千に一つも無駄がない」とか「親の意見と冷や酒は後になってから効く」ともいうが、あの幼い時、酒瓶を落として割った時のといさんの対応が生涯にわたってうめさんの中に生きつづけている。といさんは自らも酒飲みの亭主を持って苦労したが、亭主を戦争にとられて苦労している娘をいつも気遣った。その母親へのうめさんの感謝の気持ちがよくわかる。

「(父)親が酒飲みだったで苦労したよ。酒飲むだけじゃない。博奕もやる。

わしは子供だったでくわしいことは知らんが、おっかあは頼母子講をやりよった。畑を買おうと思って金を出しあって、年に四回、金がおりた。それを楽しみにしとったが、講元は𠆢キの山本喜一さ。おっかあの番になったら『金はおりん』といわれたと。『どうしてだっ』て聞いたら『お前んとこの安吉さが、持ってってまった』といわしたそうだ。(父)親が金取ってって、酒、飲んでしまったんだ。あの時はおっかあはへたへたになってまって石段のぼれなんだ。わしはそのことを覚えとる」

うめさんが土地を買おうと思ったのも、もとをただすと、この母親の考えを受け継いでいるのかも知れない。金は使えば減るが、不動産にしておけばなくなることはない。苦しい時も母親は決して田地・田畑を売ろうとはしなかった。自分の代で減るのを嫌がりむしろ増やそうとした。そういえば「勘当」だったはずなのに、うめさんが杉本不動産の話を聞いて最初に土地を買おうとした時、母親はすぐ田を貸してくれて、自作農としての登録を農協にするのを助けてくれた。

多くの土地を手に入れたうめさんは後にこの土地を実家に返したが、母親が貸してくれたからこそ、他の土地が買えた。

母親はただひたすら忍従の生涯だったようだが、その母親のといさんは夫の安吉さんが昭和十二年になくなった時は見てはおれないほど落胆していたという。

「本当いうと、(父)親が死んだ時わしも悲しくもあったが、ほっとしたところもあった。だがあれで、おっかあは本当に悲しんどったな」

夫婦の間というものは子供にもわからないところがあるようだ。といさんは安吉さんの死後二十四年寡婦で過ごした。癌ということを知ってか知らずか、といさんがそれほど苦しまずに死んだのが何よりだった。

豊浜漁業の移り変わり

昭和二十八（一九五三）年の「町村合併促進法」の成立により、知多半島でも野間町と河和町が合併し美浜町となった。さらにその北には常滑市が誕生したが、豊浜町が他の四町村と一緒になって南知多町となったのは前に述べたように昭和三十六年六月一日である。旧豊浜町は伊勢湾に面する豊浜地区（旧・中須村と須佐村）と知多湾に面する豊丘（旧・乙方村、山田村）に大きく分かれている。

うめさんが生活してきたのはもちろん豊浜地区、旧・須佐村の豊浜港（須佐湾）に面した、字でいえば新居と鳥居。うめさんが子供のころは、今、国道二四七号線が走っているあたりまで海が迫っていた。

その後埋め立てが進み、昭和三十四年には中央埠頭が姿をあらわす。これが伊勢湾台風が十三号台風にくらべて規模が大きかったにもかかわらず㊈の被害を最小限にくい止めた理由である。海岸線の松林が倒れ、水が押し寄せた被害は豊浜ではむしろ十三号台風の時の方がひどい。

その後も港湾整理はつづき、その後港の北部の埋め立て造成が行われた。

豊浜の漁業にも変遷がある。

戦後深刻な食糧難の時代に一時的な大漁に恵まれた。これは戦時中および戦争直後、漁がほとんど出来なくて魚が繁殖していたからだ。

昭和十八年ころから燃料の供給が一層きびしくなり、船一艘に一か月に一斗（十八リットル）缶二、三本の配給になっていた。重油を必要とする二艘の船で網を引くぱっち網漁は全面的に禁止された。漁網、ロープ、漁業用帆布も統制を受け、ゴム長靴、手袋、カッパも切符制になった。これでは当然出漁日数を減らさなければならない。それに若い漁師のほとんどが召集され漁村に残されたのは女、子供と老人ばかりである。

さらに漁師が操業中、アメリカ軍機による機銃掃射によって死ぬという状況で満足に海に出られなかった。

この結果の魚の繁殖がうめさんたちカンカン部隊を支えたが、戦後は一挙に乱獲に走り、そのツケが来て漁獲量が減る。

やむをえず昭和三十年頃には豊浜からもインド洋や南太平洋のマグロ漁に進出する。結局、人件費の上昇などで採算がとれなくて五十年には撤退し、また沿海漁業にもどった。

かつて朝鮮海域にまで漁船を出した豊浜漁民の心意気を示すものともいえる。しかし実際は限られた資源に右往左往する漁民の姿を示している。

豊浜の漁船は伊勢湾、三河湾、渥美外海（遠州灘）を主な漁場とし、早朝に出港し、夕方の市場開始の時刻に合わせて帰港したり、夕方出港して翌朝の市場に間に合うように帰る。

また豊浜はノリ、ワカメ、貝類などによる収入も大きな比重を占める。うめさんは若いころ小舟に乗ってこの海草類、貝などを取るのが主だった。現在はノリ、ワカメなどのソダも設置されている。

今豊浜で陸揚げされる魚の半分以上はイワシ類だが、イワシは今も漁獲量の変動が大きい。シラスは比較的安定している。

昭和三十年代から四十年代にかけては魚の産卵などに必要な藻場が水質悪化によって消失、衰退し豊浜の水揚げ量も減った。それも昭和四十五年を底に近年はまたイカナゴ、サバ、海老が多くなり、高級魚とされる鯛、蛸、烏賊も増えてきた。稚魚の放流や魚礁の設置などの効果である。

水揚げされる魚の種類は今も二十種以上、高級魚とされるものが多くなったのは漁師が値のはる魚を追うからである。㋩開店以後あとを追って活魚料理店が増えたのに漁師が対応したからである。

地元、新居、鳥居の漁師は午前三時ごろに出航し、午後四時過ぎに始まる夕市に間に合うように帰ってくる。シャコ、ガザミ、アカ海老、アナゴ、カレイ、スズキ、キス、カマスがまめ板網と呼ばれる小型船底びき網漁によって獲られる。中でも多いのが昔にくらべると減ったというもののシャコで、これは活魚料理店や寿司屋で喜ばれる。

子が子を生むはずだが……

昭和三十三年には長男の正夫さんが美智代さんと、三十九年には次男の誠治さんがふみ子さんと結婚する。いずれも地元出身の人である。しげ子さん夫婦を加えて六人が大きくなった㋩を支えてくれるようになった。おせさんや、小梅さんも手伝いに来てくれた。

旅館㋩の名は知られるようになり、名古屋あたりからの客が増え始めた。もうカンカンを背負うことも、ヤミ船を出すこともない。

うめさんは㋩の経営と同時に株を買っていた。

「最初はな、カンカン背負っとる時に上床さんに教えてもらった。医者の上床さんのおばさんに。『子が子を生むことを教えてやるっ』ていわせてな。何だって思ったら株だった。子ってのは配当のことだと思っとった。

そのうちわしは自分でカンカンかついだ帰りに株屋に寄った。株屋というのはすぐ寄ってくるでよ。そのうち何も買わんでも株屋はやって来るようになる。だがわしは株屋のいうことには乗らないことにしちょる。相手だって商売だでな。

そしてな昭和四十年代から五十年にかけて、会社は増資、増資だっただろ。ただで株くれたり。だがわしはそんな大きな儲けを株でしようなどとは思っとらなんだ」

日本は経済の高度成長期に差しかかっていた。それを読みとれたのも時代を敏感に感じる何かが、うめさんの若い時から養われた金銭に対する感覚が磨かれていたからであろう。

その感覚の冴えはうめさんの次の言葉によっても証明される。

「わしはな、今、株はちっとも持っとらせん。全部売ってまった。わしは長いこと生きてきたが、あんな馬鹿な時代はなかったでな。おかしいと思ったんだわ。バブルっていうのか。あんなものはおかしい。わしはおかしいと思ってバブルとやらがはじける前に株はみんな売ってまった。だから株なんて一株も今は持っちょらせん」

確かにあの時代株価は下がることを知らなかった。時にいくらかの変動はあったが、概して一本調子に株価は上がっていた。株は上がるものという神話ができていた。事実、うめさんは売買しないでいて株が増えた。

しかし株では利益は得たが、お金の管理ということではうめさんも結構高い月謝を払っている。

国税局の手入れ

忘れもしないあれは昭和四十九年四月二十二日である。

「税金を一億二千万円ばか、払わさしてもらった。ありがたいことだった。

わしは何も知らなんだ。それまでどんぶり勘定だったんだな。そりゃ中部電力の株だけでも一億七千万円ほどもあったな。

昭和四十年、五十年のころは増資がようあったでよ。だで持っとると自然に増えていった。『子が子を生むっ』て配当だけじゃなくて、増資もあることがわかってきた。一割無償とか、半額で株が割り当てられて、持っとると自然に株はたしかに増えた。

名古屋の国税局から浜口久太郎さんと笠羽宗太さんという人ら四、五人がやってこざって調べやした。浜口さんは課長さんでな、わしはそれまで自分の金がいくらあるやら、どうなっとるんやらちっともわからんかった。入ってくる金は回っとるだけだで、ちっとも手元にありゃせん。今だって同じ、農協に借りた金払っとるだけだで」

Ⓗの評判が高くなって新聞にうめさんのことが記事としてとりあげられた。そこでⒽの盛況ぶりを国税局が注目したらしい。

手入れは徹底的だったが、うめさんに隠す気はちっともない。知らなかっただけである。浜口さんの前に通帳四十冊をそっくり出した。預金通帳ではない。客の注文・売上げを記したノートだった。

当時の新聞のインタビュー記事を見ると、国税局の役人が「むちゃくちゃな財産管理だな」といったとある。注文・売上げは記録したが、あとの整理はせず、現金はみんなそのまま農協へ持っていっていた。

とにかくその通帳を調べて一億二千万円が追徴された。

うめさんが「ありがたい」というのは、その時、財産管理をしっかりやらなければなら

夫・正一さんの 61 歳の祝いに子・孫・曾孫一同が集まった
（昭和 49 年）　＊

この頃から毎年、夫婦揃って四国八十八カ所詣りに出かけた
（昭和 49 年）　＊

ないことを肝に銘じて教えられたことを指す。

税金を払うために初めて農協にあずけてあった全財産を整理した。株券が十八万株にもなっていたのでうめさん自身びっくりした。はじめ笠羽さんに「そんなにあるはずがない。あったらやるわ」とまでいった。

以前貯金通帳は預け入れをするだけで、引き出すことを知らなかった。今度も、現金を農協に預け、株の売買も全部その中から取引して現金を見ていない、さわっていない。自分でもどれだけあるのやら見当がついていなかった。

うめさんは本当に儲けるつもりなどなかったらしい。しかし自然に株は増えていた。

「上床さんにも教えてもらったが、お得意さんの篠島の古城館のおかみさんにも株は教えてもらった。あれはたしか一番はつ（初め）は知多バス（の株）を買った。そして次に名鉄を買った。それから中部電力だったな。買う時は千株ばかりではない。四千株くらいずつ買った。

それも農協にそのまま預けたったで株がどんだけになっとるか、増資があるとその分、農協の口座から払い込んでもらっとったで、自分でも残りの金がどんだけになったのやら知らなんだ。

あのことがあってからきちんと金のこと整理するようになったで、かえってありがたかったぜ」

「カンカンかついで名古屋へ毎日通っとったやろ。往復、バスや電車の切符を買う。そうすると混んどるで帰りの切符を落といてまったりする。そうじゃなくても毎日はもったいない。そいで最初は借金してバスや電車の株を買ったのよ。ただのパスがもらえるって上床さんに教えてもらって。そうすると切符買うのに並ばんでもいいし。

そのうちみんなが自動車に乗りだした。だでこりゃいかんと思って、わしは中電にのりかえた。そういうとこは、わしは早いよ」

最初に知多バスや名鉄の株を買ったのは、毎日カンカンを背負って名古屋まで往復する交通費の節約のためだった。株主優待の乗車券が目当てで、株による単なる利殖が目的ではなかった。しかし時代を読む目は確かだ。マイカー時代到来とともに、名鉄株から中電株にのりかえている。

一億二千万円は、株券十五万株を売って払った。

教訓を生かしてさっそく㊒を株式会社にする。資本金は三千万円で今も変わらない。

その四十九年度、社長となったうめさんの個人所得は八千四百六十七万円、税金は町民税だけで千二百二十万七千円である。土地を四町歩（四万平方メートル）持っているとも新聞にある。

日本経済は神武景気（昭和三十一年）からなべ底景気に落ち込み岸内閣末期の日米安保条約改定（昭和三十五年）の騒動を経て、七月に池田内閣が成立すると所得倍増計画が出る。

以後曲折はあるものの、昭和四十四年には日本はGNP世界第二位となる。

昭和三十六年の経済白書のタイトルは「成長経済の課題」であり、世間では「消費は美徳」という言葉が流行った。

企業は設備拡大に走り、株価はほぼ右上がりに上昇、増資につぐ増資がつづく。四十八年に第一次オイルショックはあるものの、多くの企業は株主優待のため増資のさい半額、何割かの払い込みでよい制度をとっていた。

うめさんはそれを利用した。そして得た利益で次は土地を買った。土地は「抵当」になるという知識を得ていたからだ。

豪快さと細心、合理主義

それにしてもカンカンをかついでいた人がみんな金持ちになったわけではない。その秘訣を聞くとうめさんは「自分でもわからん」といった。

「坂野さんと結婚する時に、いろいろ迷って人相見に見てもらったことがある。そしたら『お前は金の成る木を持っとる』といわれた。本当に金がなくても何かしら買えてまった」

うめさんは無欲なのだろうか。そんなこともなかろう。

「金で儲けようと最初に思ったのは古城館に掛け売り（代金の未払い）があったからだな。あそこのおばあさんに三十万円、掛けがあった。そしたら『もう二十万貸してくれ。五十万円になったら、利子を払う』といわれてな。それで五十万円の利子を取ることにした。それで金は遊ばせとったらあかんと思ったんだな。それに株は子を生むって教えられたしな」

これも他人の言葉に注意していて、その情報をいち早く取り入れる才覚であろう。

平均株価は、ニクソン・ショック（昭和四十六年）、第一次オイル・ショック（昭和四十八年）、第二次オイル・ショック（昭和五十四年）などで一時下がるが、それでも昭和六十年代に入っても上がり基調だった。

好景気は昭和四十（一九六五）年十一月から五十七か月もつづいた「いざなぎ景気」をも越す長期になるかといわれた。だが、平成になり、その二（一九九〇）年八月二日、イラク軍がクェートに進攻した湾岸戦争をきっかけに、一挙に終わる。

バブルといわれた泡沫経済は土地と株の暴落となってあらわれた。一時、平均株価四万五千円という声も聞こえたが、それは半値以下一万五千円近くに暴落する。

バブルがはじける前に株を処分したというめさんは運がいい。しかし逆に庶民の正常な感覚をあの異常な時代にもうめさんは持ちつづけていたともいえる。ヤミ船で伊勢湾を走り回る豪快さもあるが、一方細心でもある。

話していると、極めて合理的な考え方の持ち主であることがわかる。決断はするが、独断はしない。周囲の状況をよく見る。そのための情報源を自分で開拓する。それは人生に対する積極性のあらわれであろう。悲観するということを知らない。逆境はうめさんには

「ありがたい」ものとなる。

金も、無駄金は使わない。一方戦死した清松さんの遺族年金は受けとらない。再婚したということもあるが、律儀というか、筋を通すというか、単に金さえ手に入ればよしというのではない。保護司をしている人に頼まれて東浦町へ百万円寄付するなどということはしている。

うめさんが「儲けようと思ったことはない」というのはどうやら本当である。いや、単に金さえ儲ければいいというのではないということだ。先見の明は生まれつきのものか。いやうめさんと話をしていると、どうやら見えないところでの努力と冷静な判断力の賜物が今日の㋩をつくったという気がしてくる。

それにしてもうめさんが何億円という株をバブルがはじける前に全部処分したとは驚きだ。

国税局の手入れを受けたうめさんは、以後きちんと税金を納める。それどころか納税運動の先頭にも立ち、半田法人会の役員、婦人部長を長く務めた。その後顧問にもなった。公明正大ということが好きである。

昭和 50 年に新築した「新館」。海側から見ると 4 階建て。
左側の建物は 49 年に建てたが、60 年には建て直した　＊

新館竣工式であいさつする長男・正夫さん　＊

「ありがたかったぜ。わしは何も知らなんだんだでな。いろいろ教えてもらってありがたかった。だでわしは今でもその浜口久太郎さんや笠羽さんと付きあいがある。五十三年には長男の正夫に社長は譲った」

国税局の手入れを受けた年の十二月には、一億円かけて大将の坂野正一《しょういち》宅として「荒磯」に三階建てを建てる。ここは実子の正一《まさいち》さんに相続させたいという気持ちが正一《しょういち》さんにあった。

手入れがひとつのきっかけとなって㋩は生まれかわる。㋩を会社組織にし、その基礎をしっかりさせようとした。お金の使い道を文字通り建設的な方向へともって行った。従来買ってあった土地の有効利用でもある。

以後の改築、増築でちょっと解りにくいが、今、「㋩食堂旅館南知多豊浜本店」となっているあの万葉集の「荒磯」の地に最初に建った建物がその三階建てである。

翌五十年その北に「新館」を建てた。鉄筋コンクリート四階建ての活魚料理旅館である。

五十二年には豊丘にドライブイン。今はドライブイン・美里となっている。

五十三年、㋩発祥の地、鳥居から国道をはさんで海側の埋立地三百坪（千平方メートル）

に五階建ての黄金色の瓦をのせた「本館」が完成する。地籍は「中村」である。

「別に城みたいに作ったんじゃない。土地の関係であいう形になってまっただけだ。日照権の関係でな」

一番上は展望風呂になっている。そこから豊浜港は目の下、遠く伊勢までが見える。すぐ外は防潮堤である。「本館」入り口には大きな薬師如来像がお祀りしてある。

8　夢を描きつづける

自分で決めた別館建設

ところが昭和六十（一九八五）年には、最初に荒磯に建てた三階建てを壊して、「新館」の南のその地に「別館」を建てることにした。

これには息子たちが反対した。まだ建てて十年ちょっとしか経っていない建物を壊すのである。そして新しい建物をたてるのにはお金がかかる。しかしうめさんは譲らなかった。

坂野正一宅として建てた建物は、場所もいいこともあって繁盛し、隣の「新館」の食堂に転用されることが多くなっていた。泊り客が多いとさらには旅館としても使われた。

そしてあとから建てた「新館」は少しばかり中途半端だった。活魚料理を食わせ宿泊させるために建てた建物で四階建て、大きい。しかし、活魚を食わせるという方に力点をお

「別館」より白波の砕け散る磯を見下ろす。
伊勢湾の彼方に神島と志摩半島が見える

いた建物だった。

　発祥の地に近い「本館」よりも景観のすばらしい荒磯の「新館」の方に客が多く来る。しかし、こちらは、客を泊めるには設備がまだ不十分であった。客は飲み食いしていたところを片づけて布団を敷かなければならない。風呂も小さなステンレス製だ。

　もともと私宅として建てた方は少々手を入れても知れている。客を泊めるようには出来ていない。

　客の声から時代の要請をうめさんは聞いていた。時代が贅沢になってきたといえばそうだ。安いだけでは駄目な時代になっている。サービスやムードを客は求めている。

　結局、うめさんは断固正一宅用の三階建てを壊して、この地に宿泊専用の設備としての

「別館」を二億六千万円かけて作った。四階には展望風呂も設けた。各部屋、冷暖房完備の立派な施設である。

これは成功だった。

何も豪華ばかりがいいのではない。しかし新しい設備のリゾートホテルが豊浜近辺にもどんどん出来ていた。それらと競争するには古い着物は脱ぎかえてゆかねばならなかった。若い者よりむしろうめさんの方が時代を読み、先を見る目があった。

「わしはな、あれから誰にも相談せん。相談するといろいろいうでな」

この言葉は他人を信用しないのではない。独断でもない。決断の意味をいうのであろう。本当の意味で責任を負った者のみがいいうるものであろう。

そして今、この「新館」「別館」とつづいた建物が「㊗食堂旅館南知多豊浜本店」となり、「株式会社まるは」の本拠となっている。

うめさんのコンピューター

うめさんにはうめさんなりの綿密な計画と計算があった。木造の二階建てを建てるのではない、大きなビルを建てるのだから慎重である。それにしても当時だって七十歳を越していたうめさんのどこに広い土地を買ったり、ビルを建てたり、さらには幾つかのマンションを建てる、そんな力があったのかと思う。いったん建てたものを壊して新しい物を建てる。それを発展を呼ぶのだろうが、それはなかなか出来ることではない。

しかしどうやらその原動力は、これも「耳」にあったようだ。身近な情報をいつのまにか仕入れていて、うめさんのコンピューターは動く。

お年寄りにコンピューターはおかしいという方がおかしいことはうめさんと話しているとわかった。何げなく話している客の中にいろいろと教えてくれる人を見つけている。それは勘といってもいいかも知れないが勘だけとはいえない。

専門的な知識を持っている人にいつのまにか近づいて、相談ともみえぬ相談をもちかけている。そして、腹が決まると断行する。

「ワンマンかといわれると、そりゃ、そうだな。わしはいったんこうだと決めたら、迷わせん。わしはイノシシだでな。『お前は特殊なものを持っとる。他人の真似の出来んことをやる』といわれたことがあるな」

亥年生まれのうめさんはいった。息子さんたちも脱帽している。

地籍では「峠」という荒磯の地に立つ白い二つのビル、先に建てた「新館」と後で建て

長男・正夫さんとうめさん（昭和53年頃）　＊

長女・しげ子さんと　＊

た「別館」を合わせて新会社になるまで、中村の「本館」と区別するため「㊭新館」とよんだ。

「新館」は料理、宴会が中心で、後から出来た「別館」は宿泊が主である。「新館」も泊まれるので両方で百五十人ほどが宿泊できる。鳥居の木造二階建ての㊭で混雑する客を見ながら「百人が宴会できるところが欲しいなあ」と思っていたうめさんの夢は実現された。そして平成五（一九九三）年八月にはその南に温泉の建物が建った。

これらの建物の基本設計もうめさんがやった。そしてそれはいつも石橋組に頼んだ。いったん信用するといつも同じ業者に頼む。その方がこちらのいい分が聞いてもらえるし、第一こちらの考え方がわかっている。

「わしは堅いで、建物の金は引き渡しの時には全部きちんと渡す。借金は嫌いだ。ローンなんてせやせん。無理はしやせん。払える目処《めど》がついて建てる。だで金は現金で払う。石橋さんが『こんな人は珍しい』といわした。それであれを作ってくだれた」

「新館」の玄関を入ったところに等身大の観世音菩薩像がある。その隣にブロンズのうめさんの胸像がある。石橋組の石橋俊二社長から贈られたもので除幕式は昭和五十一年、当時の山岡藤市町長が音頭をとって盛大に祝ってくれた。この町長は豊浜港の整備に力を尽くした人でもある。

企業家としてのうめさんは時に大胆ではあるが、常に堅実である。借金は世話になって、信用のある農協だけである。自分をわきまえて無茶はしなかった。


それまで年中無休、どこへも行かなかったうめさんも、昭和四十六年、還暦を迎えたころから、四国八十八カ所のお遍路に毎年でかけるようになる。子供の時、安吉さんの酒乱をなおそうと一心に名切の弘法様（大宝寺）にお参りした母親・といさんの影響できょうだいのみんなが般若心経をそらんじていた。

それまでも知多新四国の参拝はしていたが、本四国への参拝はうめさんにとって念願のものだった。そして四国巡りはといさんの夢であったはずだ。白装束に身をかため、笠をかぶり杖をつき、同行はいつも大将こと坂野正一さんである。

「それと高野山へ行く。あとはな、法人会であちこち出かけたな」

旅行といっても寺巡りが主で、あとは講演に出かける。国税局の摘発を受けて以後㋩は優良法人として認められ、半田法人会の婦人部長、相談役として会員と一緒に研修旅行にも行く。

紅葉を初めて観賞したり、林檎のなっているのを初めて見たり、氷に穴をあけてワカサギ釣りをするのを見たのは研修旅行である。

「わあわあ騒ぐだけの旅行はわしは嫌いだでな。仕事が極楽の遊びじゃ」

その後も四国八十八カ所参りだけは欠かさない。今も一年に一回、春に十日間ほど町内の人と講をつくって五十人ばかりでバスを連ねて行く。

初めのころは坂東タクシーを利用したり、愛媛県の番外札所・文殊院の和尚さんの世話になったりした。そして四国のお寺の関係者、和尚さんはもちろん、寺の前の売店のおばさんたちとも仲良くしている。そんな人は多分うめさんの素性は知るまい。気どらないうめさんが文字通り億万長者などとは知るまい。しかもうめさんの方はそんな人から電話がかかってくるのをまた楽しみにしている。

“大将”の死

世のレジャーブームにのって仕事も順調、双子の正一、正治さんも成人しようやく一息ついた昭和五十八年の夏、うめさんにとって二人目の大将・坂野正一《しょういち》さんがなくなった。うめさん七十二歳、大将は七十歳だった。

大将とは再婚同士だった。大将はいつも坊主頭にした太った人だった。もともとの商売人だが地元出身ではないということもあって、結局うめさんを生涯裏方として支えた。しかし魚については徹底して厳しかった。

「行儀なんかもやかましい人だったし、清松さんとは全然違っとった。魚屋になりたくて、魚屋を仕込んでもらおうと思ってわしは一緒になった。市場での取引の符丁から教えて貰ったぜ。

いい人だった。魚なんか客が気にいるとそのいい値で気前よく分けてやったりしとった。しかし商人だでな、わしとは違うところもあった。細かかったな。わしは百円のものなら、百十円出して買う、そういう性分だ。そうすりゃ、次にいいもの持ってきてくれるで。だが大将は『それは甘い』といいよった。気前のいい反面、仕入れなんかは百円で売りに来たら九十五円でも九十円にでも値切りたい方だった」

「わしは本当いうと大将をちょっとばかにしとった。だがな、男というものはばかにしたらあかんなあとしみじみ思ったことがある。

あれは（魚）市場が始まった時だ。前にもちょっとだけ話したかな。漁協が出来た時のことだ。組合に入れてもらって市場へ入れるよう請け判を三人（吉村良太郎、植田清一、沢田米造）に押してもらった。あの時のことだが（昭和二十四年四月）十七日が申請の締め切りで、その前の日にようやくハンコを押してもらって夜の十一時ぐらいに漁協へ持ってった。

申請の名義もわしの名になっとる。受け取ってもらえたで、これでええと思っとったら夜中の一時に呼び出しがあった。それまで役員らが審査しとったんだな。

行ったら『名義はお前でも実際に市場へ入って魚を買うのは坂野正一だろう。それじゃあ、あかん。坂野さんが払えなんだから漁協が損こく。このハンコは立派だが、これは相川うめの請け判だで、この三人にもう一度頼んで坂野正一の請け判をもらってこいっ』ていわれた。

その日のうちに申請を済ませんと明日から魚が仕入れれん。それまでがヤミだったがこれからはそれは出来ん。市場へ入れなんだらカンカンも運べやせん。この時間に三人のハンコを集めることは無理だ。当時は電話もありゃせん。自転車しかない。それに沢田さんとこは遠い初神だ。

それでこれでは明日から魚が買えんとわしが漁協の階段のところで泣いとったら『そんなところで泣いっとったってハンコは出来やせん。はよ行け』といってわしの首すじをつかまえた人があった。わしは下を向いとったで、それが誰だったかわからんのは今でもくやしいなあ。ちゃんと見ておきゃよかった。

とにかくわしはとぼとぼと家へ帰った。

家では大将は布団から足を出して寝とる。そして『どうしたっ？』て聞く。わしが事情を話すと、『そんなもの、名前なんて誰だっていい』といってくだれた。『ウソをいえっ』ていう。『誰の名前だろうと、魚買って金払うのはおれとお前の二人だ。二人で払っていくんだで、毎月五の日に漁協へ払うのさえきちんとすれば名前なんか誰だっていいっ』て。『三人が改めて確認してくれたといってこのまま持って行け。だがすぐ持って行くとバレるで、二時間もしたらもう一度申請書を持って行け。そして改めてもう一度相川うめが請け判をもらってきたっていえっ』っていったな」

結局、その最初の保証書を「改めて三人が相川うめへの保証をした」といって漁協への加盟をしたのだが、大将の臨機応変の対応が、以後うめさんを表に出した。

坂野正一さんが地元の人ではなかったので、漁協は信用しなかったのかも知れない。いずれにしろ実質を疑ったのに対し、坂野正一さんの判断が勝った。そして「あの時、大将がウソの方便を教えてくれたからこそ、今日、鮮魚仲買人としての資格がはにある」とうめさんはいう。夜中に歩いたり自転車に乗って三人を尋ねていては申請の期限は過ぎていた。ウソといっても、保証人のハンコは最初から実のところ相川うめさんへの保証だった。「確認せよ」といわれてそれをしなかっただけだ。ハンコはすでに押してあった。

あの時おくれて書類が受理されなかったら、確かに以後容易に組合員になることは出来ず、活魚料理をメインにおいて営業する㋩の発展の大きい障害となった。「名義はだれでもいいで、夫婦で力を合わせよう」といってくれた坂野正一さんの言葉はうめさんの心の中に残った。

大将は最後のころはほとんど目が見えなかった。そして脳溢血で突然なくなった。再婚前は女性関係もあったようだがうめさんはあまり気にしなかったという。うめさんに商売を教え、精神的な支えとなった人である。

「光明寺に葬ったった。まあ仕方がない。極楽へ行ったんだでとわしは思ったな。最後は目がまったく見えなんだでな。わしが大将の分まで倍生きて働いてやろうと思った」

清松さんは相川家の菩提寺である極楽寺だったが、坂野正一さんは別のお寺である。光明寺にはあの吉原で成功した尾張屋清十郎がたてた先祖の墓碑があり、本堂の七十二枚の天井絵は千賀家の関係者による奉納である。

長男の急死にもめげず

それから六年後、年号が昭和から平成に変わった年（一九八九）の二月六日、今度は長男の相川正夫さんが急死した。五十三歳だった。

大将がなくなるまで社長はうめさんだったが、大将の死を機会に正夫さんが㊩社長を引きついでいた。うめさんは会長になっていた。

正夫さんは姉のしげ子さんとともにうめさんの一番苦しい時代を知っている。うめさん、しげ子さんに代わってカンカンを背負って大須へも通った。うめさん、正一さんの指導を受け、魚屋としても経営者としても立派に成長していた。

正夫さんはうめさんが捜してきた嫁の美智代さんとの間に一男二女があった。漁協の仲買組合長、農協、豊浜観光協会、商工会、ライオンズクラブの理事・役員など十六もの役職を引き受けて店の内外で活躍していた。おとなしく真面目だがグループを引っ張っていくだけの力量のある人でこれからの㊩の中心となるべき人だった。「魚ひろば」の設立の中心にもなった。豊浜の町にどうしても必要な人だったが、多忙すぎた。日曜は店にいたがほかの日は公職に引っ張りだされ、いつも夜遅くまで会議の連続だった。

正夫さんは仲買の組合長としてみんなを連れて北陸・片山津温泉へ出かけて現地で死んだ。うめさんが五十万円借りて初めて鳥居に土地を買った時、風呂敷一杯の百円札を見て「計ってみよう」といった長男だった。

正夫さんの死は長い人生の中でうめさんにとって最も悲しいことだった。世間の人はうちひしがれる、跡継ぎをうしなったうめさんを同情と同時に好奇の目で見ていた。

正夫さんの無言の帰宅を迎えたうめさんの方は悲しみの中で周囲を見ていた。長男の死を見つめるのは母親としての目であったが、周囲を見るのは事業家としてのうめさんの目だった。

俄然、うめさんの負けじ魂が目を覚ました。ここで負けてはならないと思った。自分に負けてもならないし、世間に負けてもならない。

「㋩の前途がどうなるか、うめさんがさぞ萎《しお》れているであろう」と大方の人は見ている。確かにうめさんは呆然としていた。

しかし切り換えの早いのもうめさんである。というより事業家として生きてきた戦後のうめさんの意地が弱みを見せるのを拒んだ。

葬式当日には涙を見せなかった。気落ちした様子も見せない。「寿命だで仕方がないぜ」とうめさんは会葬に来た人たちに挨拶した。

気丈な対応に人々はびっくりした。大きくなった㊩にはやっかむ人もいたろう。他人の不幸をひそかに喜ぶ人もいたろう。

「商売はなかなか難しいんだ。弱みを見せちゃいかんしな。

わしは嫁にいってやった。『お前が残ってくれてよかった。お前が死んで正夫や子供たちが残されてみい。子供たちがどんなにつらい思いをするか。お前が残ってくれてよかった』って」

孫のことを考えると、嫁に残ってもらった方がよいかとも思える。しかしあの時本当はうめさんは心の中で泣いていた。一方これだけの規模に育った㊩を支えていくには涙を拭いている間もないことも十分にわかっていた。

うめさんの対応は世間の人に㊩健在を印象づけ、気の強い冷静な励ましは、美智代さんへは大きな支えとなった。

社長に次男の誠治さんを指名した。この人もしっかりした、嘘の嫌いな堅い人だった。

不幸を逆転させる発想

しかし思いがけないことはもうひとつつづいて起こった。

平成三（一九九一）年八月十九日、新館一階の木製の引き戸をバールで破って賊が侵入する。金庫から売上金二千万円を奪って逃走した。犯人はつかまっていない。そのことについてうめさんの言葉は少ない。

「つかまらんでいいの。泥棒の顔なぞ見たくもない。かわいそうだに。それに盗まれたからこそ、夜間金庫というものを知ったんだで、もうええ」

そういえばうめさんと話しているとよく「……からこそ」という言葉が出てくる。不幸を逆転させる発想である。苦境に立った時に自分を奮い起こさせるためにいうのであろう。

「あにさ（正夫さん）がのうなったでこそ、みんなが今以上に一生懸命やらないかんと思うようになった。力を合わせてやるようになった」「泥棒に入られたからこそ、その後金銭の始末をきちんとするようになった。お蔭でそれからはきちんと夜間金庫を利用するようになった」という類である。国税局の立ち入り調査の時もそうであった。

何か一本筋を通して生きたい、くじけはしないという気迫が快い。

「くよくよすることは嫌いだ。起こってまったことは仕方がない。これから気をつければいい。

わしはいいたいことを誰にでも存分にいう。だが自分が間違っとったとか、いい過ぎだったなと思った時は次に会った時に、『ああすまなんだっ』てあやまる。それ以上は忘れてまう。まあ、明るい性格だな」

「こそ」の話はまだある。内田恒助さんが初めて町長に立候補した時落選した。当然、内田さんは意気消沈している。

「わしはな、内田さんとこへ出かけて行った。はがき三千枚持ってな。『これに自分で、手書きでお礼状書いて出せって。応援してくれてありがとうって書いて出せって。そしたら次の時ちゃんと投票してくれるっ』て。そうしたら内田さん、次の選挙では当選なさった。町長、泣いてよろこんだが、これも落選したからこそだに。負けて名前売ったんだからら」

どうやら人の心理を読み取る能力がうめさんにはある。人が弱っている時、鼓舞する方法を長い人生の中で得てきている。同情はしない。力づける。

向日性というのか、いつもものごとを良い方にと向ける。そしてそれを実現する。これも母親・といさんの物いわぬ教育の成果であろうか。

念ずれば花開く

「わしは誰のとこへでも、出かけていく。ちょこっと時間があると、農協、漁協、郵便局（半田の愛知県知多）地方事務所、銀行って出ていくんだ。自転車で行く。出かけて行って話もするが、何でもないようなふりして他人の話をじっと聞いとるんだ。聞いとるとな、いろんなことがわかってくるんだ。今じゃ自転車ばっかでない。わしがどこかへ行こうと思うと、人が『うめさ、乗せてってやるわっ』て声をかけてくれる。だで自動車で順に送ってまって情報集めとる」

楽天的で負けず嫌い、そしてあのカンカンを背負って名古屋へ通った時電車の中で居眠りをしないでした情報集め、人の話を聞くのが好きだったのはちっともかわっていない。暗闇の伊勢湾を操縦方法をよく知りもしないで航海の舵を取った元気さを九十歳過ぎまで持ちつづけた。

豊浜の町を母親のといさんに借りた金で買った自転車に乗って魚を売り歩いた。「勘当」のうめさんに豊浜の人が魚を売ってくれないと、師崎や片名まで自転車をとばして魚を仕入れに行った。その時と同じように小さな目で前をしっかり見すえ、やや前かがみになってペダルをこぐ。その足取りはのちに自動車事故に遭遇するまで、病気になるまで衰えなかった。追い越す自動車を尻目に相当のスピードだった。

それにしてもカンカン背負っていた人たちはたくさんいた。だが一代でこれだけの身上を作り出した人は他にいない。その秘訣をうめさんに聞くとうめさんは答えた。

「自分でもわからんな。一生懸命働いとっただけだ。『念ずれば花開く』だに。あの最初に五十万円借りて鳥居の土地を今の山本喜一さんから買う時、『貸す金なんかない』といって『抵当』ということを新家の叔父の兼吉さんに教えてもらったが、それだからこそ、土地が買えたわな。農協でもそういわれた。

あの国税局に調べられたからこそ、今のわしがあるんだな。それまでは何もわからずただ、使うことも知らずに金ためとった。親が『工面九両』といったでな。それはいつも守った。それだで、そりゃ金も遊ばせといたらあかんと思って、株にしたり土地にした。あとはみんな人のお蔭だ。人のお蔭で生きとる。金はちっともない。みんな農協へいくんだでな。金はないけど土地やマンションが増えていった」

何だか、うめさんと関係のないところでうめさんはお金持ちになったように聞こえる。それだけではどうもわからない。

うめさんを車に乗せて走るとあそこも、ここもわしの、あるいは息子、娘の家だとか土地だとかいって指した。内海にも三千七百坪（一万二千平方メートル余）の土地があるといった。

それらはいずれも子供たちのために財産分与して、将来に禍根を残さないような細心の配慮がなされているらしかった。

うめさんはよく「老人は家の宝」というが、これはうめさんがうめさん自身をいうのではない。自分を宝として大事にしてくれなどというのではない。高齢者社会での老人みんなの幸せを願っているのである。小さくならず堂々と年寄りも生きようというのである。どの老人も自分なりの夢を持つ宝になってもらいたいと願うのである。

「それにしてもこれだけになったのは、おばあちゃんの努力もあるが、運もあるな」というと、うめさんは否定はしない。「自分でもどうしてこうなったかわからない」といった。「どうしてかいのう」と本気になって首をひねる。しかし話していると到底年齢からは考えられないほど反応が早い。これがうめさんを今のうめさんにしたのかなと思わせた。

講演依頼が殺到

質問にも即座に答えた。首をひねったり、考えこんだりということはまったくなかった。ましてや、「次の時までに」などということは決してない。もちろん人間だから、忘れるということはある。しかしその時でも、考えこむことなどはなく、即座に「それは忘れたな」といってけろっとしていた。多くは年月日まで、しっかり記憶していた。

うめさんは七十歳ころから各地で講演に引っ張りだされた。

「一月に多い時は十五、六回も頼まれてやったが、今じゃ十回ぐらいに抑えとる。最初は、な、最初は半田のロータリー（クラブ）で『話してくれ』といったでやったけど、その時は本当にあがってまって何が何やら分からんかったな。だけど、あがったのはその時だけだに。あとはちっともあがらん。何百人おろうと、何千人おろうとわしは絶対にあがりゃせん。

会場へ行くとわしはまずずうっとみんなの顔見渡すんだ。そして今日の客はこういう人たちだなと見極めて、それがちゃんとわかる。どういう仕事をしている人が多いかすぐわ

半田市ロータリークラブでスピーチをする
（昭和52年）

団体客から頼まれて即興でスピーチをする
（昭和55年）

愛知県知多事務所より講演の依頼があり、打ち合わせをする
（平成5年）

若いご婦人たちが子連れでやってきた。うめさんの話を聞くのも楽しみの一つだ

ウィークデーというのに、昼・夕方はこの盛況ぶり。新館1階食堂（改修前の古い店内）

現在のコース料理一例（7,350円）税込み
●はまちの刺身
●焼魚（写真は4人用）
●しゃこ　●板盛（写真は4人用）　●わたりがに　●さざえのつぼ焼き　●煮魚 ●エビフライ　●酢の物　●海老の塩焼き　●赤だし・御飯　＊コース料理は2,100円から

かる。そしてそれまで何も考えていないが、顔を見てその人たちに合うように話す。そういうことはびんびんわしのここに響いてくる」

うめさんはそういって自分の頭を指した。状況判断が的確で、対応が早い。臆するということもない。小さい体で堂々としている。

何十年前のことでも、メモも何も見ないですぐ答えた。人の名前も漢字まできちんと覚えていた。

そんなうめさんは地元だけでなく、あちこちでなかなかの人気だ。講演会は先の発言のように何百回とこなした。愛知県内はもとより、遠く山梨、奈良あたりからも依頼があった。

題は大体「わたしの歩いた道」「わたしの商法」

依頼は農協、漁協、役場、公民館、婦人会、ＰＴＡ、銀行、大企業、町工場、商工会、ロータリークラブ、青年会議所といろいろだった。

新館へ婦人会の慰安で来た人たちが、ぜひ話が聞きたいと申し出たのでうめさんは広間で話した。

その三河一色の婦人会の人たちと一緒にうめさんの話を聞いていると独特の節回しが親

しみやすかった。子供連れにはまずジュースを与えて静かにさせてからしゃべり出す。六人の子供を育てあげて、子供への対応の仕方を知っているだけではなく、その母親が気を遣うことへの配慮をしているのでもある。

講演の内容はここに書いたこともあるが、中では特にうめさんが酒瓶を割った時の母親のといさんの対応に涙する人が多い。

話し方は声に力をこめ、独特の口調だ。時にはおだやかに、時には声をはりあげ拳を振りあげる。自分を飾らずにあからさまに話す豊浜言葉には説得力があり、感動させる。反応をきちんととらえているのは本当の意味で頭のいい人だなあと思わせる。そのうち何人かは話の途中でハンカチを握りしめている。

「わしは会場の人を見て、きょうは何を話そうと決める。そして一時間ほど喋るんだに。何も見やせん。話いとる間に自分が話そうとすることが次々と出てくるんだ」

会場の人が求めているものを、うめさんは的確にとらえた。見ただけで、どういう団体か、どういう人たちかわかるという。どういう人が聞いてくれるかわかると話のポイントが自然に決まってくる。するとうめさんは話しやすいが、聞き手の方も身を乗り出してくる。メモなんて何もない。話しながらうめさんは頭の中で話を組み立てる。

終わると「ちょっとわたしの悩みを聞いてもらえんかね。㋩のおばあちゃんなら、わたしの悩みがわかってくれると思うで」とうめさんを部屋の隅に引っぱって行って人生相談をする人まで現れた。

尼僧の資格も

京都の仁和寺で得度したうめさんは尼僧としての資格もある。だからそんな時は、聞き上手でもあった。でしゃばって話の腰を折ることはしない。内容は書かないが、娘の亭主のことの相談だった。うめさんは、しばらく聞いたあと、はっきり自分の意見をいった。端的に事態への助言をしていた。

このグループばかりではない。店へ来た客は何かとうめさんと話したがる。姿を見つけると、うめさんのところへやって来てあいさつする。

うめさんは講演だけではない。テレビにもよくでた。大阪まで京唄子さんの番組出演のためにに出かけた。ＮＨＫの「きょうの料理」では白いエプロン姿で魚のさばき方の模範を見せた。

グルメ番組、旅番組が多いので、知多半島、豊浜といえば必ずといっていいくらい声がかかった。今も豊浜の顔であり、知多半島を代表する「㋩のおばあちゃん」うめさんである。

何も飾らぬうめさんの人柄と、そして、その少し昔風と見える㋩の店の経営方針が魚を食べにきた人の心をうつ。

「テレビには誘われて出るけど、テレビで宣伝はせん。そんだけの金があったら、土産渡すわ」

うめさんはいった。新聞広告も出さない。口コミが一番確からしい。

「以前はな、来てくれた人に酒出したわ。そしたら喜んでくだれたが、家の人が怒らした。『うちの人に酒飲ませたっ』てな。そいで酒飲ますのやめて、ちょこっと土産持ってってもらうようにした。そしたら貰った本人は喜んでくだれるのはもちろん、家の人も喜んでくだれてな。

そいで近所に配らっせる。『㋩でもらったっ』てな。それだでわしはワカメや海老持ってってもらうことにしとる。

テレビなんかで宣伝するよりよっぽど安くつくし、みんなが喜んでくだれるしな」

かつて自転車をただで貸したのと同じ発想である。

店に来た客に酒をサービスした場合、喜ぶのは本人だけだし飲酒運転だと重大事故にもつながる。ところが土産だともらった本人はもちろん家族みんなが楽しめ喜び、そして㊩の名前を好意を持って覚えて伝えてくれる。うめさんに何もそんな打算はない。だが結果として一匹の海老が大きな宣伝効果を持つ。しかもその海老が見事に大きかった。

本当に人が喜ぶのは何かとうめさんの考えた結果が、宣伝をも生むのである。あの母親・といさんの「商売は大熊手でなくちゃあかん。間から落ちていくように見えるが、それが次を生み出す」といった言葉がうめさんの身につき、その習性が㊩を支えている。

新聞広告もテレビのコマーシャルも出さないが、記者が取材に来る。テレビ局が出演依頼に来る。

浜松の大凧《おおだこ》が豊浜の空に舞う

うめさんのファンは多い。いつも世話になっている農協はもちろん役場でも漁協でも、この一代で、細腕一本でカンカン担いで今日を築いたうめさんに好意的だ。一見無駄話を聞きに来ると見えるうめさんの訪問を心待ちしている。

待っているだけではなく、遠くからうめさんに会いにくる。

平成五（一九九三）年六月二十一日には静岡県浜松市布橋北町の自治会の人たち二十人がうめさんを慕ってやって来た。

毎年五月、浜松で開かれる四百年以上もつづいている伝統の浜松祭の大凧合戦に「飛可《ひか》羅《ら》寿《す》組」と名乗って参加しているメンバーである。

この人たちは三年前、祭の慰労会で㋩を利用して以来、相川うめさんのきっぷのよさと人柄に惚れてしまった。

今回は㋩旅館の発展とうめさんの長寿を願って、㋩の凧と太陽をバックに鳥が飛ぶ絵柄の三メートル角の大凧二枚を豊浜の海岸から伊勢湾に向かって揚げた。

メンバーは黒い法被姿に身を包み太鼓やラッパを鳴らしながら勇壮な凧揚げを披露した。地元の人々も一緒になって歓声をあげていたが、実はこの時㋩のおばあちゃんうめさんは大きな仕事にかかっていたのである。

「うめ乃湯温泉」噴き出る

平成三（一九九一）年十一月に利根地下株式会社と契約し、翌四年三月二十八日から

「荒磯」で掘削にかかった。そしたら百日そこそこで温泉を掘りあてたのだった。七月十八日にはもうお湯が噴き出していた。

㋩に温泉が出た。

いや全国どこも温泉を掘りあてようとしている。今は同じ南知多町となっている豊浜の北隣の内海でも温泉を掘りあてたし、今も何度目かのボーリングをしている人もいる。知多半島全体で二十本近くも掘っているが湯が出て実際に使われているのは四、五本だけである。

しかし強運のうめさんは一度で掘りあてた。温泉というのは掘る前に結果はわかっていない。

「出ても出んでも一億二千五百万の契約だった。それが出たんだな」

実はうめさんは温泉にはあまり興味はなかった。だから掘る気もなかった。ところが温泉法が改定され、従来一本掘ると半径五百メートル以内は掘れなかったのが、一キロに拡大されると聞いた。誰かが近くで掘るともう掘れないという「情報」を得て、うめさんは

「それじゃ、掘ることにするか」という気になった。

掘るとなると㊭で決断するのはいつものようにうめさんである。掘削会社は調査はし、報告はしてくれるが場所の特定はしない。温泉が出なかった時、責任を取らなければならないからである。だから場所はうめさんが決めた。そして見事に掘りあてた。そして浴場の建物の建設にかかった。

「それだでこの八月には町内の人みんなに入ってもらう。小学生からみんな、学校の先生にも入ってもらう。銭なんか貰やせん」

凧揚げはその温泉が出たお祝いでもあった。

梅雨時だったが、二日間、伊勢湾海上は晴れ渡った。

やや強い凧揚げに絶好の風が吹いていた。うめさんが喜んだのはもちろん、町の人たちも豊浜の発展を願うと同時にうめさんの長寿を祈った。


平成五（一九九三）年九月九日、当時の南知多・内田町長が命名した「うめ乃湯」はオープンした。温泉の建物は瀟洒なタイル張りである。駐車場の上に天井の高い浴室、伊勢湾に向かってガラス張りである。うたせ湯やサウナもある。上階には百三十坪（四百二

完成した㋩温泉「うめ乃湯」。風呂の窓から伊勢湾が一望できる

「うめ乃湯」の窓から神島、伊良湖岬をのぞむ

浜松の大凧がやってきた。うめさんが小さく見えまーす！

十五平方メートル）という広い休憩室も設けた。

ゆっくり休んでもらい、お茶や飲み物ぐらいは用意しても、飲み食いは「新館」の方でしてもらうつもりだ。いわゆる健康ランドにはしない。だがもちろん、地下からの本物の湯煙のむこうには伊勢湾がひろがっている。

オープンが近づくと、広間から毎夜のように、「まるは温泉音頭」の歌声が響いた。開館を祝ってみんなで踊ろうと地元の人が集まるのだった。「まるは温泉音頭」は三好町に住んでいる原田まつ子さんの作詞による。原田さんも警察官であるご主人が豊浜駐在所に勤務中にうめさんのファンになった。

ハァー　花の便りに　誘われて
やってきました　知多の海
ここは「うめ乃湯」　まるはの宿で
八重に咲きたや　八重に咲きたや　ソレー
　金波銀波を　ながめつつ
浮き世のアカを　ザブザブ　ザブザブ

流しゃんせ　流しゃんせ

以下、四番まである。

しかしうめさんは、温泉開きは質素にやるつもりだといった。

「そりゃ、餅ぐらいは搗くわな。二俵ぐらいはな。だが他は何もせやせん。いろいろあの人もこの人も招待しようと思うと、かえって抜かいてまうと失礼だでな。まあ、何にもやりゃせんことにした。

世話になったで、地元の人に温泉に入ってもらうだけ。喜んでくだれればそれでいい。祝儀ももらわせんし、特別のことはやりゃせん」

そうはいったが、それでは済まなかった。八月三十一日、引き渡しが済むと、踊りの人たちがやってきた。一晩踊りつくした。うめさんは百人を越す従業員たちにまず一番に風呂に入ってもらった。紅白の餅をくばった。飛可羅寿《ひからす》組の人たちも再びやってきて「うめ乃湯」の天井に大凧を掲げた。そして一週間、地元豊浜の人たちを無料招待、そのあと一般公開した。

ファンは石橋組や飛可羅寿組、原田さん、踊りのメンバーなどだけではない。名も知れぬファンも一杯いると見える。

孫二十人、ひ孫二十人

「うめ乃湯」の裏手、伊勢の海に向かって花崗岩に彫った竜神様が立っている。うめさんが三十年前に、魚の供養にとお祀りした神様である。近寄って見るとこの石像はあちこちが欠けている。うめさんはその跡をなでながらつぶやいた。

㊾敷地内に祀った龍神様に感謝の心をこめて毎日お詣りする

「誰かわからんが、こうやって欠いていくんだがね。もったいない」

うめさんは手を合わせた。どうやら、うめさんの強運にあやかろうとひそかに竜神様を削り取る輩がいるらしい。遠州・森の石松の墓同様、うめさんの竜神様もえらい迷惑をこうむっている。

うめさんは敬虔な仏教信者でもある。中村の

「本館」、荒磯の「新館」にそれぞれ観世音菩薩、薬師如来をお祀りしているだけではなく、あの㋩発祥の地・鳥居には弘法様の木像がお祀りされている。

これもどうやら仏様にお願いする、仏様にすがるというよりも、自分の意思を仏様の前で確認するための像のように思えてくる。

うめさんは仏様に向かって自分の進む道を報告する、迷いを断って改めて決意をかため、次の目標に向かって進む。

ところで百五十四センチ、五十四キロの小柄な体、満八十二歳の時点でもちっとも老いを感じさせないうめさんのエネルギーの源は何なのかと思った。そしてそれは常に前向きに進もうとする意志であろう思いついた。

うめさんは六人の子供を産んだ。そしてみな元気に育ってよき伴侶を得た。結果二十人の孫がある。そして孫の子であるひ孫（うめさんは「ひこ」というが）もすでに二十人余。合わせて五十人ほどがその直系の子孫である。それぞれの伴侶も入れるとうめさん一族はかれこれ百人近くになる。

係累のだれに聞いてもうめさんの悪口をいう人がいない。普通ならだれか一人ぐらいは「世間の人が思っているのとは違う」などといいそうなものなのに、それがない。みな口々に「うちのおばあちゃんは大したものだ」とほめる。

㊺は知多半島を代表する活魚料理の老舗となったが、うめさんを中心にがっちりスクラムをくんでいる。

「儲かった、儲かった」と電気を消す

「子供たちには、みんな公平に分けるものは分けてやらないかんでな」

うめさんの悩みはまだ尽きないようであった。だが持ち前の決断力はまだ衰えていなかったし、時代に対応する素早さや持ち前の明るさはこれからもつづきそうだった。

もちろん世代がちがう孫たちが全て㊺に集まってくるわけでもなかろう。それはうめさんも十分承知だ。

時代を先読みするのが得意なうめさんはいう。

「孫たちはな、孫の生き方だで、それにまで口出す気はわしにはない。みんなそれぞれやっていけばいい。ただ、わしがやってきたことを見て育っとれば間違いはなかろう。子供を育てるってことはこれからいよいよむずかしいな。だがわしは、子供たちに口で教えようとはせなんだ。口でいえば反抗する。からだで教えるんだ。子供は親を見て育つでな。

だでこれからも自分自身がしっかりせなんだら、あかん。自分がしっかりして人に手本を見せてやろうと思っとる」

「わしは朝五時には起きる。それから自転車で事務所からこの新館へやってくる。ここへ来ると儲かる。わしは新館、別館とずうっと部屋をのぞいて歩く。すると電気がついとる部屋がいくつかある。そいでわしは『儲かった、儲かった』といって電気を消して歩く。儲かるんだ。わかるかな。

電気は、クーラーは、必要な時はつけなあかん。そのためにあるんだからどんどん遠慮せんでつけりゃいい。

だが、宿直が十二時にまわったあとまで客は飲んだり騒ぐ。そしてそのまま寝る。だでわしはそのつけ放したのを消して二階、三階とあがっていくんだ。だで『儲かった、儲かった』だ。それに運動になる。わしは何も特別運動ということはせやせんけど、そうやって消して歩くのがいい運動だ」

普通ならちょっとお説教じみて聞こえるかも知れないが、うめさんの話は自分の実践をいうだけだからちっとも注意を受けている気がしなかった。素直に聞ける。しかも「電気を節約せよ」などとはいわない。客が存分に楽しむために電気を使用するのはむしろ勧めるくらいだ。だが無駄ははぶく。使っていない蛍光灯は消して歩き、誰もいない部屋で作動しているクーラーの電源は切る。

“わしは若いぜ”——無休、麦飯

「わしは若いぜ。ちょっと見てちょう」

背筋を延ばして両手を前におろしてゆっくり床までつける。その体の柔らかいのに驚く。風呂からあがると酒を体中に塗るのがもう一つの健康法だというが、第一の健康法は精神的に前向きであることだろう。つらい過去をちっとも隠さずにむしろ楽しげに話す。苦労したとはいうものの、ちっともせせこましいところはない。小柄なのに鷹揚としている。こんなふうだと人生はさぞ楽しいだろうと思われてくる。

店の改修手入れのために休む時もあるが、その時社員旅行をする。そのほかは㋩は今も年中無休である。

最近は週休二日などという企業も増えてきた。しかしサービス業はそうもいかない。またサービスを受ける方からすると年中無休はありがたい。人が混む時を避けて訪れることができる。

欧米などは日本人の働きすぎを笑う。そしてみんなが一斉に休み、休日はどこの店もしまっていて買い物も出来ない。食料品も買えないという。だがその風潮がいいのかどうか。神は人に休息日を与えはしたが、それは働くことが前提だろう。休息ばかりの人生はむなしいはずだ。

ⓗはその点、先にも書いたように古風というか昔気質というか、休むことはない。朝十時半から夜八時まで料理の注文を受ける。もちろん泊まり客には朝食を出す。一斉には休みはしないが、従業員は交替で休む。お客、第一である。

うめさんは「仕事は極楽の遊び」という。

本来人間は働くことに意義を求めてきた。強制はいけないが、楽しく生きるための仕事をもっている人というのが本当は幸せなのではなかろうか。店の若い衆に聞くと「堅苦しいところがなくて、働きやすいよ」という返事がかえってきた。ⓗでずうっと働く人、ここで修業して自分の店を持とうという人といろいろのようだ。

だがいずれにしろ、うめさんの薫陶はどこかでまたきれいな花を咲かせるだろう。

うめさんの食事は質素である。

「甘いものは嫌い。ぼた餅はあんこを取って食べる。肉は食べんな。鶏肉は食べるけど、魚、そりゃ魚は好きだわさ。中でも白身がいい。セイゴとかヒラメとかな。果物は好きだな」

ちょっと食事をのぞいてみたら、大根とワカメの煮付けがお菜だった。茶碗には麦ご飯が盛ってあった。

「みんなに食べよとはいわせん。わしが好きで食べとるだけだ」

㊝が麦飯というわけではない。

毎年、保健センターで検診を受けるうめさんは、あとで述べる交通事故にあうまでどこも異常がなかった。麦飯を食べて朝早くから夜遅くまで、広い㊝の店内を駆けずりまわるのが、自然、運動にもなり健康法となっていたようである。

時には誠治さんと漁協の魚市場へも出かけた。魚を見分けながらカンカンが今日の㊝の出発点だなということを噛みしめているにちがいない。

うめさんの叔父さん、あの母親・といさんの弟の家田仲三さんは百二歳まで生きたという。長姉のおせさんは九十八歳まで元気だったのだから、うめさんが百歳を目指してもちっとも不思議ではない。

南知多天然温泉「うめ乃湯」オープン当日、台風十四号が東海地方を襲った。気象台の発表によると、午前十時半、南知多町に上陸。激しい雨が降った。

九月九日を選んだのはもちろん、うめさん。いろいろな手続きの関係もあったのだろうが、ちょっと縁起をかつぐうめさんが日柄のいいこの日を選んだにちがいない。奇数は縁起がいいと陰陽ではいう。なかでも九は苦などではない、一桁の数字の中で一番大きいので無限大に通じる。そして九月九日はその陽が重なる日、旧暦なら、重陽の節句、すなわち菊の節句。無限の長寿を願う日でもある。

台風はたいしたことはなかったが、それでもなあと思っていたら、うめさんはけろっとしていた。

「なにもやらせん、なにもやらせんだったで」といった。そういえば、うめさんはすでに従業員たちには一足先にお披露目をすませ、地元の人に風呂にも入ってもらっていたので、一般公開当日はとりたてて何も行事をする必要はなかったのである。

地元・豊浜の人にはオープン前一週間に字《あざ》ごとに日を決めて温泉を楽しんでもらってい

た。だからオープン前にはすでに何千人という人がガラス越しに伊勢の海を見ながら、うめさんの掘りあてた温泉の湯につかっていたというわけである。

それにしても初日は何かやるのかなと思っていたので少し肩透かしを食った感じだった。しかし考えてみると、たくさんの人を呼んで仰々しい儀式や行事をやると決めてかかっていた方が間違っていた。やはりうめさんの方がわかっている、合理的だし、実質的だった。

しかし、台風の影響はあった。オープンをあてこんで一番風呂に入ろうと予約していた百人を越す泊まり客がキャンセルしたのである。しかしそれもうめさんは「気にせやせん、気にせやせん」という。

長い荒波を越えてきたのですから、明日のよい日があることを信じているのだろう。そしてオープン翌日は名古屋まで講演に出かけ、帰ってきたのは夜十時。そしてまたいつものように朝は五時には起きていた。

「うめ乃湯」は㋩の経営だが、だれでも入れる。ということは食堂の利用者でなくても泊まり客でなくてもいい、共同浴場だ。建物が別になっていて、温泉だけ楽しもうという人は温泉だけ利用できる。

こういうところもうめさんの心配りだろう。食事とセットなどということはない。「うめ乃湯」オープンは大成功だった。新館の北と南の駐車場は土日、祝日となると入りきれない車でいっぱい。店内はいつもごった返している状態だった。

そんななか、実際は㊺の食堂部分のサービスは低下していた。従業員のだれもが手をぬいているつもりはちっともなかった。一生懸命やってはいたが、正直なところ、手が回らなかった。焼き物も揚げ物も焼いておかなければ、揚げておかなければ押し寄せる客に対応できなかった。

結果、冷めた料理を出すことになる。冷蔵庫から出したままを客に出して叱られるという状況もあった。それでも客の足は途絶えることはなかった。長年培われた㊺のブランドが生きていた。

それに頼りきっていたのである。

思いがけない事故と病気がつづく

平成六（一九九四）年九月、うめさんは例年のように高野山参詣に出かけた。長姉のおせさんが、前の年、「うめ乃湯」に喜んで入ったあと九十八歳で亡くなっている。その供養の気持ちもあったし、このところ四男の正治さんの車でお参りするのが例年の行事になっていた。

それが思わぬ事故にあった。

正治さんが運転を誤って自損事故を起こしたのである。

雨が降っていた。それまで何度も行くといいながら、忙しいこともあり、延びのびになっていた。十八日、夕方になってからうめさんが突然「行くぞ」といった時、正直、正治さんは気がのらなかった。こんな雨の中を走るのはいやだなあと思ったのだが、仕事を終えて十二時過ぎ正治さんは車を出した。

何度もうめさんを乗せて走っている道である。夜中に出発すれば朝には着く。そしてお参りをすませて帰ってくればいい。名神をひたすら走った。

そして高野山への登山道へ入った。もうあと少しで駐車場に着く。

朝方、三時ごろだっただろうか。くねくねのぼる坂道。その時、大きな衝撃を受けて正治さんは気づいた。無意識のうちに左側の谷底へ落ちるのを避けてハンドルを右へ切っていた。それがよかった。対向車線をオーバーして、崖にぶつかっていた。居眠り運転だった。

隣にすわっていたうめさんを見たら、うめさんはフロントガラスの前に置いてあった小型テレビに頭をぶつけていた。

正治さんは大丈夫かと聞いた。うめさんは「なんともない」と答えた。見たところ額から血が出ているわけでもない。それより「はやいとこ、片をつけなあかんが」とうめさんはいう。車は動かない。正治さん自身も車の破損状態と比べると不思議なくらい体に異常はなく、通りかかった車に頼んで警察に連絡した。事故証明を取らなくてはならない。レッカー車も頼んだ。

気丈なうめさんは事故処理にあたる息子をのこして高野山へ行った。

正治さんは電車で㊑へ帰った。うめさんも帰ってきた。

「弘法さんのおかげだぜ。高野山が守ってくださった」

うめさんはそういってまたいつものように働きはじめた。

ところが間もなく、うめさんは頭が痛いといい出した。見ると後頭部が青くなっている。目のまわりも紫色にはれ顔面もわるい。日ごろ、体の不調など口にしない、うめさんである。

「たいしたこたぁない、ない」

そういっていたうめさんだが、それでも名古屋市立大学病院へ出かけて行った。こんな時もうめさんは、他人に迷惑をかけないようにと一人で行く。それにしても、どうもおかしい。

大学病院で紹介されて美浜の知多厚生病院へ行った。

頭部ＭＲＩを撮ると頭の表面近くに水がたまっていることがわかった。硬膜下水腫と診断された。九月二十九日、事故から十日めである。

さらに詳しく調べていくうちに、水は血の塊となっていた。硬膜下血腫である。この病気は軽く頭を打った時など、しばらくしてから症状が現れる。幸い血は固まっており、脳内に拡散はしていなかったが、手術をしなければならなかった。若いころ子宮筋腫で手術したことがあるだけで、入院などということとはまったく関係のないうめさんだったが、十月十八日、入院。

翌日、手術をした。頭の右側に一センチほどの穴をあけて、血の塊を吸い出す。担当は脳神経外科の水野志朗医師。若くてやさしい先生だった。

そして手術は成功し、十一月八日、退院。

八十三歳にしての大手術だった。うめさんは手術の跡をかくそうと髪の毛を傷跡に集めネットをかぶった。

もとの元気なうめさんに戻った。

そして、この時、うめさんは自分が万一のことをまじめに考えねばならないと真剣に思っていた。㋩は大きくなっている。父親のちがう子供たちのために、さらには孫たちのために財産をきちんと分けておかなければいけない。子供たちからもいつかそういう声が聞こえるようになっていた。

そして、ことは案外すんなりといった。

うめさんはそれまでも相川と坂野をはっきり区別していた。そして今や㋩の中心ともなっている荒磯、地籍でいうと「峠」の土地は二度目の夫である坂野正一《しょういち》さんがいいだして買ったのだった。そして正一宅用として最初の建物をたてた場所でもある。すると、ここはその息子である坂野正一《まさいち》さんが継ぐのが順当ということになる。そして新館・別館――あわせて「㋩新館」と呼んできた店を「㋩食堂旅館南知多豊浜本店」とした。

「本館」は亡くなった長男の相川正夫さんの長男・和雄さんが継いで「㊍まる本」として

独立する。これも順当だろう。

そして社長をつとめてきた誠治さんは新しく豊丘に近い椋田に「㋩潮蔵」をオープンする。

体の調子のわるくなった正治さんは引退。

㋩本館

豊丘近くの㋩潮蔵

おおよそはそんなところである。ことがことだけに、すべてがするするといったわけではない。あれこれするうちに二年ほどが経ったが、まあ、順調にことは進んだということである。その間に正一《まさいち》さんの長男の豊和さんが「本店」を経営する「株式会社まるは」に入社する。多分、こうなったからにはお父さんの跡を継がねばなるまいという気持ちがあったのだろう。

実はこのころ、㊮の業績は最低となっていた。

それがかえって財産分割を早める機運をつくったともいえる。いつの間にかというか、自然にというか、うめさんに頼りきっていた。

元気を取り戻したうめさんはしかしまた頼まれればどこへでも講演にでかけていたし、テレビに出演する機会も増えていた。地元だけではなく遠くにまで名前が知られ、講演の回数も一層増えていた。婦人会や農協やいろんな団体から要請があると岐阜や静岡にまでも出かけた。

平成十二（二〇〇〇）年五月二十日には東海テレビが一時間番組「裸一貫からのスタート！うめさんの城づくり」を放映している。そこでうめさんは、上体そらしや前屈を見せている。もちろんこれまでも店で、講演会でその体の柔らかさを披露してきた。客もうめさんのそのパフォーマンスを待っていた。うめさんが直立してゆっくり体を前に曲げて手のひらを床につけると大喝采だった。さらに足を折って寝てそのままばんざいの姿勢でうしろに体をそらす。

所ジョージの「一億人の大質問!?笑ってコラえて！」にも出演した。全国的にも㋩が知られてきて、客が来るのが当たり前という雰囲気に店全体がなっていた。

こうしてうめさん人気に気をとられているうちに、店のサービスは落ちていた。客からの苦情もあったが、まともに対応しなくても客は来てくれた。その慢心のつけがきていたのだが、正直あまり店では問題にならなかった。

中堅の旅行代理店に勤めていた二十二歳の豊和さんが、入社しようと決心したのはそんな状況を外から見ていて、かえってよくわかったからでもあろう。

九十歳で家を建てる

生前贈与、財産分割が一段落するとうめさんは自分の家を新たに建てた。うめさん流の数え年でいう九十歳である。それまで㋩発祥の地にある、あの黒塗りの二階建てから自転車で店まで通っていたのだが、うめさんの新しい住居は「うめ乃湯」から歩いて三分ほどのところ、従業員宿舎と「㋩事務所」、「坂野事務所」の隣である。

一人暮らしはいくらか淋しい気もしないわけでもないが、もう自転車で通う必要もない。それに第一、店に近いし、いつでも自分が掘り当てた温泉に入って帰っても湯冷めしない距離である。二人の娘たちも始終顔を出してくれる。

ところが家を建て、前の社長の誠治さんが「㋩潮蔵」を独立オープンさせた翌年、平成十三（二〇〇一）年五月になるとうめさんは突然、左手足に力がはいらなくなった。

水野先生に診てもらうと今度は一過性脳虚血発作。点滴治療をして一応、二十四時間でもとに戻った。しかし脱力感もあるし、脳血栓、脳梗塞に進行する危険もある。さらには、かくれ脳梗塞のおそれもあったので二週間入院した。

そして十一月、長女のしげ子さんが心筋梗塞で突然亡くなった。六十九歳。これにはさすがのうめさんもがっくりきた。

「あれからちょっと元気がなくなったね」

と次女で、今も仲居長として「南知多豊浜本店」を支える八重子さんはいう。

病気のことをまとめておくと、平成十五（二〇〇三）年にもうめさんは知多厚生病院へ入院している。九月二十三日から十一月一日まで。

「あの時が一番ひどかったね。階段から落ちたんだったよ」

水野先生はおっしゃる。いつものようにうめさんはエレベーターを使わず、階段を使って新館の二階へ上がろうとして転倒したのだった。頭を打った。

「脳挫傷。平成六年の時は脳の表面に血はたまりはしたが、脳自体はなんともなかった。けれど今度は、脳実質に傷がついたんです」

水野先生は十日間ほど寝たきりだったとおっしゃる。歩くことも出来なかったし、食事もできなかった。そしてうめさんはもう九十二歳になっていた。下手をするとそのまま寝たきりになるところだった。傷そのものはたいしてひどくはなかったので、手術はしなかった。

そして、うめさんは助かった。といってもそれはリハビリを一生懸命やった結果である。持ち前の明るさで、一か月以上もの長期入院の終わりのころには病院の人気者にもなっていた。というより、患者も見舞い客もだれもがうめさんを知っており、うめさんの快復を待っていたのである。

海の見えるオフィスで執務中の
社長の坂野豊和さん

「うめさん。がんばりゃぁよ」

声をかけられると、うめさんも答えた。

「これきしのこと、わしゃ負けやせんぜ」

そして、また例のからだを曲げる運動をしてみせようとするのだった。

若い力の出現

そういえば、財産分割が終わって、相川和雄さんの受け継いだ「(は)本館」は、屋根に掲げた看板はそのままだが別会社になっているのだった。この「(本)まる本」はのちに武豊に「ひらめ亭」を出した。相川誠治さんの「(は)潮蔵」、「(は)食堂旅館南知多豊浜本店」とのちに出来る二つの支店を統合する「株式会社まるは」とともに(は)グループを構成するという形になっている。もちろん三社の経営はそれぞれ別である。

うめさんが入院を繰り返す間に「株式会社まるは」では新しい力も育ちつつあった。豊

本店のスタッフたち（平成19年1月1日）

和さんはすでに「南知多豊浜本店」の調理場、仕入れの現場を経験しつつあった。

「あまり大きな会社じゃなかったので、かえってよかったですね」

と豊和さんは、㊝へ入社する以前に勤めていた旅行代理店勤務時代を振りかえる。

「いろいろ、やらせてもらいましたから」

添乗もつとめ、営業にも出かけた。さらには経理も担当した。それらの経験が、魚料理店・旅館を経営する立場になって役立っているというのだ。

父親の正一さんから母親の勝子さんが「株式会社まるは」社長となり、「南知多豊浜本店」の方の支配人を任された豊和さんは、かねてから考えていたサービス向上を実行に移すことにした。

まず、大型冷蔵庫の整理からはじめた。長年の間

改装されたメインの食堂風景

に食材がたまりにたまっていたのだ。日々、使いきれなかった魚や海老が放り込まれ、そのままかちんかちんに凍っていた。古いものは二年以上前のものもあった。トラック二杯分を廃棄した。

平成十四（二〇〇二）年七月には新館のリニューアルに取りかかった。三年後には常滑沖に中部国際空港がオープンする。すでに工事は着々と進んでいる。空港経由で海外から来るお客さんに恥ずかしくないようにと、まずトイレを全面的に改修した。

つづいてメインの食堂はそれまでのベランダの部分を取り壊し、その部分まで張り出して全面大きなガラスをはめ込んだ。明るくなったうえに、食事中もこれまで以上に伊勢湾が一望できるようになった。

コンクリートの土間は、昔からの食堂らしさを保った雰囲気もあったが、車椅子のお客にも対応できるようにと段差をなくし、明るい色の新建材の床に張り替えた。パイプ椅子も木製のテーブルと椅子にかえた。さらに多くなって断らざるをえなくなっていた宿泊客を受け入れるために、別館四階の展望風呂を特別室二室とベット部屋一室に改造した。風呂はもう「うめ乃湯」を使ってもらえばいい。その「うめ乃湯」もセキュリティーを整備し、上階ホールを改装した。

市場での買い付けをまかされている専務の坂野益也さん

メニューもエビフライ、活魚料理中心の大人向けだけではなく、家族連れへの対応を考えてお子様のメニューを加えた。

同時に豊和さんはオープンする中部国際空港への出店を考えていた。空港会社の平野幸久社長の講演を聴いた豊和さんは、その後すぐ名刺を持って平野社長に会いに行ったのだ。そして地元を大事にする空港にしたいという平野社

豊浜市場風景

長のことばに応えて、地元の食堂をぜひ出店させてほしいと申し出た。

「そんなぁ、いまの店をしっかりやりゃいいに」

うめさんは「㋩食堂旅館南知多豊浜本店」となってから、初めて支店を出すことに反対だった。しかし豊和さんは新しい時代に即した営業展開を考えなければいけないと思っていた。ぬるま湯につかっていてはだめだ。業績も下がっている。

しかし、豊和さんの右腕、左腕となる若い力も育ちつつあった。

弟の益也さんはうめさんの勧めもあって中学を出るとすぐ、名古屋・日比野にある中央卸市場の鮮魚仲卸・株式会社山文へ修業に出ていた。毎朝、午前二時に起きてねこ（魚を積む手押し車）を引き、買い付けの見習いをし、配達をした。そして七年間修業して二十二歳で「本店」へ戻ってきた。

三重大学に在学中から、アルバイトで勤めていた、またいとこの松田圭右さんも卒業するとそのまま「株式会社まるは」に就職してくれた。

仕事場で一番きらわれるのは「焼き」である。豊和さん自身も厨房でこの仕事を経験したが熱い焼き場は大変である。それをずっとつづけてきてくれた牛田秀伸さんは今、仕入れ部長で三十四歳。子供のころから㋩に出入りしていたいとこの相川光久さん、居酒屋の店長から移ってきた山下貴史さんといったメンバーが加わってきた。

なかで一番若い山下さんは二十八歳。専務となった益也さんは三十一歳。

平成十八（二〇〇六）年七月、「本店」を開店したばかりの二つの支店も統括する「株式会社まるは」社長に就任した。その時、三十一歳、今年三十二歳である。

さらに「本店」の責任者である支配人・松田さんは三十五歳とみんな若い。全従業員はアルバイトも入れると二百人を越える。

空港とラシックに出店

反対していたうめさんも、「やるからには、どこにも負けんようにやらにゃいかん」と空港店出店を応援してくれるようになっていた。

話が前後したが、平成十七（二〇〇五）年二月五日、十七日の中部国際空港オープンを前に新しい支店の大見学会が開かれている。

うめさんもかけつけた。正直いうと、うめさんは海の上に飛行機の離発着する空港が出来るなんて、そしてそこに「㋩まるは食堂中部国際空港店」が開かれるなんて信じられなかった。しかも旅客ターミナルビル四階、ちょうちん横丁のスカイデッキに面した一番いい場所である。店長は当時三十六歳、今年三十七歳の相川光久さん。忙しい客が対象だけに定食中心のリーズナブルなメニューの店だが、意外と外国人の注文は刺し身が多いともいう。

「今、一番だけではだめだぜ。一年後、二年後一番でなけりゃ」

押し寄せる見学客の間をうめさんはやや興奮気味に元気な声をあげて走りまわっていた。

しかし本格オープンの前日の二月十六日、うめさんは風邪をこじらせた肺炎で今度は野間の渡辺病院へ入院しなければならなかった。高熱がつづき、高齢だから一時はこりゃだめかなと周囲を心配させたが、半月ほどして三月一日、退院。

その間、孫の豊和さんは見舞いに行く時間もないほどいそがしかった。というのは、時期を同じくして名古屋のど真ん中、三越名古屋栄店が新たにオープンするラシックに「㋩エビフライ食堂まるは」の出店を強く要請してきていたからだった。それを受けての開店は三月九日。新しいモダーンな建物の七階、ここも久屋大通公園の緑が見おろせるいいロケーションである。店長は山下貴史さん。

「入社三年目ですけど、やる気だけはだれにも負けませんよ」

と語る山下さんは、毎朝早く豊浜の「本店」に寄って、材料を運んでくる。

「新鮮な魚がうちの売りですからね。名古屋のど真ん中で、地の魚の味を味わっていただきたいものですから」

ここは今のところ店名通りエビフライが中心だが、いずれは活魚料理も食べてもらえる店にしたいという。

原点を忘れず

豊和さんに将来の夢を聞くと「原点を忘れないことです」と明快。うめさんの教えを忘れないということ。新しい支店にも「食堂」という庶民的な屋号を入れた気持ちを守って、新鮮な魚をいつも提供したいといった。

もうひとつ具体的な夢はと質問すると、

「実は山海に千坪（三千三百平方メートル）の土地を買ったんですよね。そこに新しい店を出したい。いや、もう計画は出来てるんです。結婚式場をオープンしたいんです。そこの土地にはかつて結婚式場がありましてね、豊浜の人も、友だちもたくさんそこで披露宴もした。それが廃業して、淋しいですからね。だから、そこへ今度はわたしが新しい結婚式場を建てるんです」

チャペルもつくりたいというのだから、従来の㋩とはまた一味ちがう㋩が出現するのだろう。活魚がメインの㋩の披露宴ではどんな料理が出てくるのか楽しみである。

去年、数えで九十六歳を迎えたうめさんの長寿を祝って従業員、スタッフ一同から「うめごころ」がうめさんに贈られた。清酒・生道井《いくじい》の醸造元、東浦の原田醸造の特製である。

九十六歳から去年一気に当時満三十一歳へリーダーをバトンタッチした㋩は、どうやら若いスタッフの力によって新しい息吹きを与えられているようである。

最後にうめさんが「わしが選んだ」といって渡してくれた「格言集」を紹介してペンをおきます。

【追記】

うめさんは二〇〇八年十月二十六日、脳梗塞で亡くなられました。九十八歳でした。

その後㋩は、名鉄りんくう常滑駅近く、飛行機が飛び立つのが見える場所に「りんくう常滑店」、名古屋駅クロスコートタワー地下一階に「チカマチラウンジ店」、JR大高駅隣接のイオン大高にも「イオンモール大高店」を出店しました。結婚式場にと考えていた地にはバーベキューも出来る「まるはリゾート」、さらに名古屋駅構内うまいもん通りには「JR名古屋駅店」を開きました。二〇一九年十二月には知多半島の先端、師崎に七部屋限定のちょっと高級な宿「はずのほし」を社長の盟友松田圭右さんに任せてオープン。

二〇二〇年は創業七十周年にあたりますので心機一転、二〇一九年二月に本店の建物も元の真っ白い色に塗り替え赤い㋩マークが一層映えて見えるようになりました。ここまで順調でしたのに、突然新型コロナが全国を襲いはじめたのです。二〇二〇年四月には全国に「緊急事態宣言」が発出され、中部国際空港店の売り上げは前年度の一割にも満たず、

ＪＲ名古屋駅店も売り上げは二割以下、そして豊浜本店でさえ五割に及ばない状況となってしまいました。しかし、ここが思案のしどころ、同業の五〇の飲食店も同じ悩みを抱えているのではと豊和社長は率先して「飲食業関連研究会」を立ち上げ会長に就任、ＺＯＯＭ会議を週二回、計五三回開催、特別貸し付けや雇用調整助成金対策をも話し合いました。一向に先の見えない状況の中で「ピンチはチャンス」と捕え、一時休業していた知多半島道路の終点・豊丘出口をでたすぐ近くに次女の妹・佐藤明子さんが自らの苗字の一字を付して「まるはドライブイン佐くら」を四月オープン、十一月には「ボートレース常滑」の改修オープンに際しフードコートを出店、㋩創業七十年記念賞をも設けました。前から付き合いがあった半田岩滑の新美南吉記念館近くの「ごんぎつねの湯」も跡取りがいないと相談を受け、二〇二二年四月この熱湯で人気の日帰り温泉も引き受け「まるは食堂　ごんぎつね店」もオープン。美浜町の「いちごの丘」をも継承する計画もあります。

「そんなにあちこち店を出して、どうするつもり」とわたしが問いますと今年四十七歳の坂野豊和社長は「実はねえ、かつて新館と呼んでた今の豊浜本店、色塗り替えだけではどうにもならず、あちこち傷んで来てて建て替えにゃいかん時期に来てるんですよ」との答え。再建中、本店の多くの従業員を路頭に迷わせてはいけない、その受け皿の意味もあるというのです。ほーなるほど経営者とはそういうものかと感心したのでした。

いずれの店頭でも「うめさん人形」が出迎えてくれています。そのうめさんを主人公に竹下景子さん主演の芝居「まるは食堂」が企画されたのは三年前。こちらもコロナの影響で延期になってましたが、どうやら今年は演れるようです。竹下さんがうめさんを、楽しみですね。

格言

ⓗ相川うめ

○あなたの仲間をみれば、あなたの人格がわかります。
○負け方ひとつで重荷も軽い。
○片方が相手にしなければ喧嘩にならない。
○牛乳を配達する人間は、これを飲む人より健康である。
○限度を心得ていればいつまでも安泰である。
○五穀実れば首たれる。
○こだわらない心が長寿に通じる。
○子供は親の言う通りにはしないが、親のする通りにはする。
○自分の問題として相手の立場を考える。
○自分が悪かったと言える家庭は円満で、自分がよくて相手が悪いと言う家庭はトラブルが絶えない。
○耳は二つ口は一つ、しゃべる倍だけ聞くのが人生上手というもの。
○雪と欲は積もるほど道を忘れる。
○我が田への水も八分目。
○我が気に入らぬことが我がためになるものなり。

○　老人の今までの生きてきたという人生の重み経験がどれほど大切か、だから老人の言うことにまず間違いはない。

○　本人が気にやむほど他人は気にしていない。

［著者紹介］
三田村博史（みたむら・ひろし）
1936年、岐阜県生まれ。
第2回石森延男児童文学奨励賞受賞
第4回海外紀行文学賞受賞
『豚がゆく 車がゆく』（風媒社刊）所収・原題「常世の国」
で第1回中部ペンクラブ文学賞を受賞
『姜の亡命』（風媒社刊）
2004年名古屋市芸術特賞受賞、パチンコ大衆文化賞受賞
『漂い果てつ―小栗重吉漂流譚』（風媒社刊）
『東海の文学風土記』（中日新聞社刊）

参考文献：『愛知県史』（愛知県）、『愛知県昭和史』（上・下、愛知県）、『なごや100年』（名古屋市総務局）、『知多の歴史』（福岡猛志、松籟社）、『南知多町誌』（南知多町）

写真撮影／中川幸作
（口絵1、3、4ページと＊は相川うめさん及び㊟提供）

［新訂版］潮風の一本道 ― うめさんの魚料理の城づくり九十年

2007年7月24日　第1刷発行　（定価はカバーに表示してあります）
2022年9月16日　第2刷発行

著　者　　三田村 博史

発行者　　山口 章

発行所　名古屋市中区大須1丁目16番29号
電話 052-218-7808　FAX052-218-7709
http://www.fubaisha.com/
風媒社

乱丁・落丁本はお取り替えいたします。　＊印刷・製本／チューエツ
ISBN978-4-8331-3147-6